古诗苑汉英译丛

诗　经

今　译　野　莽
英　译　杨宪益　戴乃迭等

外文出版社

图书在版编目（CIP）数据

诗经：汉英对照／野莽今译；杨宪益等英译.
—北京：外文出版社，2001.1
（古诗苑汉英译丛）
ISBN 7-119-02823-5

I. 诗… II. ①野… ②杨… III. 英语－对照读物，诗经－汉、英

IV. H319.4:I

中国版本图书馆 CIP 数据核字（2001）第 00320 号

外文出版社网址：http://www.flp.com.cn
外文出版社电子信箱：info@flp.com.cn
sales@flp.com.cn

今　译：野莽
英　译：杨宪益　戴乃迭等
插　图：高俊　王钧
美　编：上官丰　周大光
封面设计：吴涛
责任编辑：兰佩瑾　蔡莉莉

诗　经

© 外文出版社出版
（中国北京百万庄大街 24 号　邮政编码：100037）
北京市顺义振华印厂印刷
2001 年第 1 版
2004 年第 1 版第 2 次印刷
开本：203 × 135 毫米　1/32　印张：9.625
字数：122 千字　印数：8001 — 11000 册
ISBN 7-119-02823-5
定价：17.00 元
总定价（全 5 册）：72.00 元

目 录

目 录

第 二 页

古诗苑汉英译丛

诗 经

把三千年的过去译给未来

——古诗苑汉英译丛总序

野莽

一字一音地编读完这套译丛,打开电脑作序,不知怎么就跳出了这一句话。不敢说有什么诗意,倒自觉得更像是一句流行于二十世纪末的通俗歌词。不过中国最古的诗和歌生来一体,而我们的这套译丛,则恰好是五本古典诗歌的今译,因此这个序名的无论似诗或歌,都可以算是比较说得过去的了。

岂止是诗歌,丛书中的六个品种,即古诗、译诗、题析、注释、图画、英译,每一种又都是一门学问,读了它除却可做诗人,还可做学者、画家和翻译,甚而至于兼各科为一的大文士。《宋书·符瑞志下》曰:"草木花多五出,花雪独六出。"古人又云:"瑞雪分六出,乐兆丰年。"出者角也,前者是说唯有雪花比草木之花多长了一角。当然这话是宋朝的脑筋急转弯,雪花与草木之花原本是不同科的,何况草木之花中花瓣比六角还多的比比皆是。后者则是说明六角瑞雪的好处。本书体例取其诗意,不予雄辩,而欣喜于六角雪花的吉兆。

我的要求是古诗中的每一个字词,都准确而优美地翻译在新的诗中,并且句数相等,尤其也要有着韵律。要达到以上各项指标,自然是一件困难的事情,但是我却不能为了容易,就在这五卷诗书上胡作非为。我恍如独钓寒江的笠翁,忽而又拔剑四顾,在茫茫人海中寻找着合适的译者。于是,选中了四位所信赖的作家,两位是二十年来驰骋于中国当代文坛的短篇大王,宝刀愈锋的南王聂鑫森和倚马万言的北王阿成,一位是妙著满天的津门文侠林希,一位是名扬海外的楚天儒士杨书案。对于这套译丛而言,以上是当代作家包括走红作家中极为难得的几位,通过他们大量文章中的文化韵味,我认准了他们的涉猎之广,学识之博,修养之深,品位之高,足可以担纲译古为今的重任。特别难得的还有一条,记忆中的他们都是诗人出身的小说家,以原名侯红鹅的林希先生为例,早在1955年,19岁的他,七月派诗人的浪漫追随者,78名"胡风反革命集团份子"中最年轻的一名,已经写出许多同那个年代一道溶入历史的诗篇了。

如同相信人无完人,我也相信着才有通才。回想近些年来,每当我将作出一项大的出版计划的时候,脑子里总会自然而然地走来以上几位朋友。私心中有一个想法稀奇古怪而又顽固不化,我这样想着,假使某一天我邀请他们各自写一本关于二十一世纪中国的前途和命运的书,他们同样会写得比别人精彩。当然,研究原子弹的论著应当除外。这套丛书的译者我之所以选择了曾是诗人的作家而非一直研究的学者,还有一个主要的因素,乃是希望那些已被历朝各代无数专家逐一考证过的千古绝唱,此次能够以别一种诗,一种潇洒自如才华横溢但却信达典雅再现原作的白话新诗的形式,连同精到的题析和美丽的图画，展示在不满足于仅有注释的青年读者的眼前。我是觉得我们的青年读者在咀嚼古典的同时，还应该被熏染上一点灵动的想象和飞扬的才气，能够学会做诗更好。由于我的近乎苛刻的总体构思，这一套向世界的新千年献礼的译丛，一定要光彩照人地出现在中国首都的新书展台，因此和过去的历次合作一样，他们作为任务接受了我的邀请，并且立刻停止了手里的文事，延迟了别家的稿期，闭门谢客，埋首俯案，引经据典，高歌长吟。

二十天后，南王聂鑫森的《宋词》译注和北王阿成的《唐诗》译注几乎同时来到我的案上。写过老、庄、孔、孙、韩非诸子以及炎黄始祖的杨书案，他的选题是我命定的，因是楚人，必译《楚辞》，他居然敢继郭老沫若先生的诗译离骚之后，苦心孤诣将屈子那长达数百行的《离骚》一韵到底地翻译下来。而分得《乐府》的林希此时恰好处在一件好事的节骨眼上，新买的宝舍正大兴砖木，连书房也进去不得，他把电脑搬到走廊上，因陋就简地给我敲起了《孔雀东南飞》。最迟也不过一月有余，海蓝色的特快专递又到了我的手中。多年来一到关键时刻，我们之间就开展着这种蓝色的联系。蓝色大信封里有一张张小巧的磁盘，插入电脑软区将它打开，漂亮而工整的译诗令我心生感激。载有译诗的特快专递，使我鬼使神差想起一种名叫快译通的电器，不禁独自得意，开心不已。

"六角雪"中还有重要的一角，对于某一类读者来说，这一角也许有着顶尖重要的意义，那就是英译。纵然在中西文化的鸿沟边，从来就残酷地竖立着一块禁牌，于是一个"诗不可译"的神话就像真理一样在学术界四下流传。然而我们的青年读者,你们知道这套经典古诗的英文译者是谁吗?本世纪的三十年代,在英国牛津留学的有一位名叫杨宪益的中国才子,他曾经第一个以《红楼梦》的美妙译文倾倒了西方人。这位名不虚传的中国当代首席翻译家和他的英国夫人戴乃迭,自五十年代起就领导着一批学贯中西,籍贯也横跨中西的翻译家,用了半个世纪的时间将这批古诗点滴译成,相继刊发,今天第一次汇为本译丛的洋洋五卷。非常痛心,五卷古诗的主要译者之一,英国传教士的女儿,杰出的英文翻译家,生于中国嫁于中国的戴乃迭女士,就在这五卷浸透了她一生心血的中国古诗的出版过程中,竟长眠于她的第二故乡中国了。我们在此向她致以深深的敬意和浓浓的哀思,也请英文读者们永远地记住她的名字。

谈到英译,必须向读者说明一个大家也许很快就会觉察的问题,那就是古诗英译和白话诗译的句式、风格乃至词意的不尽相同。此中的原因非常简单,多少年前的英文译诗是直接取自古诗,而多少年后的白话译诗更是直接取自古诗,它们就好比一个父亲不同情况下的两个孩子,如果它们分别更像自己的父亲,而兄弟之间略存差异,这便恰好是比较合乎逻辑的了。在《宋词》这一卷中,其英文译作在过去的期刊上发表以及以某种对照文本结集出版的时候,均以词牌的名字替代了词名,这次因考虑到同一词牌,甚至同一作家同一词牌的作品不在少数,而词牌作为一种词作韵调句式的外在体例,是不能够代表其词的真意的,于是在本译丛的这一卷中采取了在原词牌下统统加上本词首句英译文的办法。这办法未必是最合适的,其它内容方面尚待商榷的问题也许更多,由于译、注、编、校等各个环节人员的有限的水平,谬误之处自当难免。我们从首版印发之前就开始研究解决的办法,其中包括请各界读者批评指出之后,当再版的时候我们进行认真的修订,以求逐步提高和完善,使其真正成为青年必读的好书。

专家考证,自《诗经》中第一首诗歌始,迄今已有了近三千年的诗的历史。在下一个千年到来之际,向世界号称诗国的我们将三千年的经典诗词进行精编新译,隆重出版,以此作为对未来世界的一项文化献礼。

是为古诗苑汉英译丛总序。

1999 年 11 月 25 日·听风楼

关 雎

（周南）

　　这是一首爱情诗。一位青年爱上了一位美丽的女子,以在水洲中和鸣的水鸟以及在河水中飘摆的水草作喻,渴望与她结为伴侣。此诗为十五《国风》的首篇,也是《诗经》的首篇。古人曾以为是吟咏"后妃之德"。关,鸟鸣声;雎,《禽经》:"王雎,雎鸠,鱼鹰也。"

关 雎

（周南）

关关雎鸠，
在河之洲①。
窈窕淑女，
君子好逑②。

参差荇菜，
左右流之③。
窈窕淑女，
寤寐求之④。

求之不得，

---

①关关：雌雄鸟和鸣声。雎(jū音居)鸠(jiū音纠)：水鸟名，即鱼鹰，古人以为贞鸟。洲：水中的小块陆地。

②窈(yǎo音咬)窕(tiǎo音条三声)：漂亮。好(hào音浩)逑(qiú音求)：好，喜欢，愿意；逑，配偶，乃傩之借字。傩：双鸟之意，犹匹，结成配偶。

③参差(cēn cī音参疵)：长短不齐。荇(xìng音杏)菜：水草名。流：通"摎"，采取。

④寤(wù音误)：睡醒。寐(mèi音昧)：睡眠。

寤寐思服①。
悠哉悠哉②,
辗转反侧。

参差荇菜,
左右采之。
窈窕淑女,
琴瑟友之③。

参差荇菜,
左右芼之④。
窈窕淑女,
钟鼓乐之⑤。

---

①思服:思念。
②悠哉:思虑深长。
③琴瑟友之:弹琴鼓瑟,跟她友爱和乐地在一起。友:亲。
④芼(mào 音帽):"覒"的借字,择取。
⑤钟鼓乐之:敲钟击鼓,使她快乐。也是想像中与她成婚的场景。

关 雎

（和鸣的水鸟）

一对对和鸣的水鸟，
在河中的陆地上嬉戏。
好比美丽而善良的姑娘，
好男儿都想和她配成夫妻。

长长短短的水草，
我左左右右地把它捋采。
好比美丽而娴雅的姑娘，
我整天想她，无论睡着还是醒来。

向她求爱却不能把她得到，
睁眼闭眼都能看见她的容貌。
想得太久了，太久了，
翻来覆去总也睡不着觉。

长短不齐的水草，
我左左右右地把它打捞。
好比美丽而贞静的姑娘，
我想和她像琴瑟一样终生友好。

长短可爱的水草,
我左左右右地把它捕捉。
好比美丽而诱人的姑娘,
我要和她钟鼓和鸣,永远欢乐。

注:白话诗名为译者所加。

Crying Ospreys

Merrily the ospreys cry,
On the islet in the stream.
Gentle and graceful is the girl,
A fit wife for the gentleman.

Short and long the floating water plants,
Left and right you may pluck them.
Gentle and graceful is the girl,
Awake he longs for her and in his dreams.

When the courtship has failed,
Awake he thinks of her and in his dreams.
Filled with sorrowful thoughts,
He tosses about unable to sleep.

Short and long the floating water plants,
Left and right you may gather them.
Gentle and graceful is the girl,
He'd like to wed her, the *qin* and *se* * playing.

---

* Two traditional Chinese musical instruments, rather like the zither;
the former has seven strings and the latter twenty-five strings.

Short and long the floating water plants,
Left and right you may collect them.
Gentle and graceful is the girl,
He'd like to marry her, bells and drums beating.

桃 夭
（周南）

　　这是一首对新婚女子的赞歌。歌者以美丽的桃花、硕大的桃子、茂盛的桃叶为喻，赞美了贤德的新娘和她夫家人的亲密和睦。夭夭，茂盛而艳丽。《论语·述而》："子之燕居，申申如也，夭夭如也。"

桃 夭
（周南）

桃之夭夭，
灼灼其华①。
之子于归，
宜其室家②。

桃之夭夭，
有蕡其实。
之子于归，
宜其家室③。

桃之夭夭，
其叶蓁蓁。
之子于归，
宜其家人④。

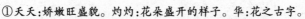

①夭夭:娇嫩旺盛貌。灼灼:花朵盛开的样子。华:花之古字。

②之子:这位姑娘。之:这;子:男女通称。于归:指女子出嫁。
　宜:指男女相处和顺之意。室家:女子所嫁的人家。古代男子
　有妻叫室,女子有夫叫家。

③蕡(fén 音坟):果实大而且多。实:即桃子。家室:即室家。

④蓁蓁:叶子茂密的样子。家人:夫家的人。

桃 夭

（桃花灿烂）

茂盛的桃树上，
桃花开得那样灿烂。
就像姑娘你出嫁了，
与夫家相处得那样美满。

茂盛的桃树上，
鲜桃结得那样稠密。
就像姑娘你出嫁了，
与丈夫相处得那样亲昵。

茂盛的桃树上，
桃叶长得那样繁茂。
就像姑娘你出嫁了，
夫家人都和你那样友好。

注：白话诗名为译者所加。

The Peach Tree Is Slender and Sturdy

The peach tree is slender and sturdy,
Flaming red are its blossoms.
The girl is getting married,
Most suitable for the house.

The peach tree is slender and sturdy,
Luscious and abundant is its fruit.
The girl is getting married,
Most suitable for the home.

The peach tree is slender and sturdy,
Exuberant and green are its leaves.
The girl is getting married,
Most suitable for the family.

芣 苢

（周南）

　　这是一首妇女在采一种俗名叫做车前子的野草时互相对唱山歌,歌者们津津乐道地唱出了从号召采到采起来,从采草叶到捋草籽,从兜起来到带回家的全过程。毛传:芣苢,马舄;马舄,车前也,宜怀任(妊)焉。"

芣 苢
（周南）

采采芣苢，
薄言采之①。
采采芣苢，
薄言有之②。

采采芣苢，
薄言掇之。
采采芣苢，
薄言捋之③。

采采芣苢，
薄言袺之。
采采芣苢，
薄言襭之④。

---

①芣苢(fú yǐ音浮以)：植物，药名，俗称车前子草。古人相信其种子可治妇人不孕。薄言：语助词，含勉力之意。采之：刚开始采摘。

②有(yǐ音以)：采取，指已采起来。

③掇(duō音多)：拣择，拾取。捋(luō音啰)：用手将东西抹下来。

④袺(jié音洁)：用手扯住衣襟兜东西。襭(xié音协)：把衣襟角系在衣带上兜东西。

芣 苢
（车前草）

新鲜诱人的车前草，
快来采呀快来采。
车前草新鲜又诱人，
采起来呀采起来。

新鲜可爱的车前草，
拾起来呀拾起来。
车前草新鲜又可爱，
要把草籽摘下来。

新鲜漂亮的车前草，
草籽要用衣襟兜起来。
车前草新鲜又漂亮，
衣襟要在腰上扎起来。

诗 经

注：白话诗名为译者所加。

Gathering Plantain

Gathering plantain,
Here we go plucking it;
Gathering plantain,
Here we go picking it.

Gathering plantain,
Quick fingers strip it;
Gathering plantain,
By handfuls pull it.

Gathering plantain,
Here we fill skirts with it;
Gathering plantain,
Belt up full skirts!

汉 广

（周南）

　　这是一首爱情诗。诗人以高大的乔木和宽广的汉水为喻，描写了河边女子的清高贞静，可望而不可求。诗中的男青年虽然深感失望，但仍爱她如一。《诗序》认为此诗赞美"文王之道被于南国，美化行乎江汉之域"，《鲁诗》、《韩诗》则说是写汉水神女的故事，均不符原诗意。

汉 广

（周南）

南有乔木，
不可休思①。
汉有游女②，
不可求思。

汉之广矣，
不可泳思！
江之永矣③，
不可方思④！

翘翘错薪⑤，

---

①休思：休即庥荫的"庥"，不可庥是说得不着它的覆荫，形容树的
　高耸。思是语助词。

②汉：水名。潜行水中为游。游女：指汉水中的水神。乔木不可
　休、汉女不可求都是比喻所求之女不可得。

③永：江水大、长。

④方：周匝，就是环绕。遇小水可以绕到上游浅狭处渡过，江水太
　长，不能绕匝而渡。"不可泳"、"不可方"也都是比喻所求之女
　不可得。

⑤翘翘：众多貌。错：错杂。

言刈其楚①。
之子于归,
言秣其马②。

汉之广矣,
不可泳思!
江之永矣,
不可方思!

翘翘错薪,
言刈其蒌③。
之子于归,
言秣其驹④。

汉之广矣,
不可泳思!
江之永矣,
不可方思!

①刈(yì 音义):割取。楚:荆树、丛生灌木。以"错薪"比一般女子,
以"楚"比所求的女子,隐喻自己要求高,爱人不一般。古谚:
"刈薪刈长,娶妻娶良。"
②秣(mò 音末):喂牲口。设想驾车迎亲。
③蒌:蒌蒿,草本植物。
④驹:小马。

汉 广
（辽阔的汉水）

南方有一种树木干长叶稀，
夏天不能坐在那树下避荫歇息。
好比汉水中那位神女，
清高而又庄重，追求很不容易。

就像一片辽阔的汉水，
隔着我不能向你游去！
就像一条漫长的江河，
我怎么绕也不能到你那里！

与其打来蓬乱的杂草，
不如去砍硬硬的荆柴。
若是你肯嫁到我家，
我就喂饱马儿去把你娶来。

就像一片辽阔的汉水，
隔着我不能向你游去！
就像一条漫长的江河，
我怎么绕也不能到你那里！

与其打来蓬乱的杂草，
不如去割嫩嫩的蒌蒿。
若是你肯嫁到我家，
我就把为我娶亲的小马喂饱。

就像一条辽阔的汉水，
隔着我不能向你游去！
就像一条漫长的江河，
我怎么绕也不能到你那里！

注：白话诗名为译者所加。

In the South There Is a High Tree

In the south there is a high tree;
It gives no shelter.
Beyond the Han roams a maid;
I cannot reach her.

Ah, the Han it is so wide
I cannot swim it,
And the Yangtze is so long
I cannot pass it!

From the tangled undergrowth
I shall cut the thistles.
When the maid comes to marry me,
I shall feed her horses.

Ah, the Han it is so wide
I cannot swim it,
And the Yangtze is so long
I cannot pass it!

From the tangled undergrowth
I shall cut the wormwood.
When the maid comes to marry me,
I shall feed her ponies.

Ah, the Han it is so wide
I cannot swim it,
And the Yangtze is so long
I cannot pass it!

行　露

（召南）

　　这是一首谴责诗。一位恶霸要强娶一位已有夫家的女子，以送进监狱为威胁。女子的父亲宁可坐牢也不屈服。另一说是一位不甘受丈夫虐待的妻子再也不愿回到夫家。毛传："行，道也。"

行 露
（召南）

厌浥行露①。
岂不夙夜②，
谓行多露③？

谁谓雀无角④？
何以穿我屋？
谁谓女无家⑤？
何以速我狱？
虽速我狱，
室家不足⑥！

谁谓鼠无牙？

---

①厌浥：湿淋淋的。行露：道路上的露水。行(háng 音杭)：道路。
②岂不夙夜：意为难道不想早起赶路。夙夜：夜未尽天未明时。
③谓："畏"的借字，惧怕。谓行多露：还怕路上那多露水？
④角：在此指鸟嘴。
⑤无家：没有夫家。
⑥室家：男子有妻叫有室，女子有夫叫有家。室家不足是说对方
　要求缔结婚姻的理由不足。

何以穿我墉①?
谁谓女无家?
何以速我讼?
虽速我讼,
亦不女从②!

---

①墉(yōng 音拥):墙。
②女:此处同汝,即你。亦不女从:也不从你。

行 露

（路上有露）

落满露水的道路湿漉漉，
难道我不起早赶路，
还怕什么道上的夜露？

谁说雀儿没有长嘴？
没嘴怎么能啄穿我屋？
谁说我女没许婆家？
你凭什么把我送进监狱？
虽然把我送进监狱，
你也没有逼婚的理由！

谁说老鼠没有长牙？
没牙怎么能打穿我墙？
谁说我女没许婆家？
你凭什么要告我刁状？
虽然你告我的刁状，
我也决不会依你的主张！

注：白话诗名为译者所加。

The Paths Are Drenched with Dew

The paths are drenched with dew,
Yet we must leave before dawn.
Why should I fear to walk through heavy dew?

Who says that the sparrow has no beak?
How else could it pierce my roof?
Who says that my daughter is unwed?
Why should you send me to jail?
But though you send me to jail,
You cannot add her to your family.

Who says that the rat has no teeth?
How else could it pierce my wall?
Who says that my daughter is unwed?
Why should you take me to court?
But though you take me to court,
I shall still refuse your demand.

摽有梅

（召南）

这是一首情歌。歌中的女子看见树上的梅子渐渐成熟，又纷纷落下触景生情，想到自己一天比一天大的年龄，渴望着有一个小伙子快来把她娶走。《诗集传》说此诗是写"南国被文王之化，女子知以贞信自守。惧其嫁不及时，而有强暴之辱"，乃属曲解。

摽有梅

（召南）

摽有梅①，
其实七兮②！
求我庶士③，
迨其吉兮④！

摽有梅，
其实三兮！
求我庶士，
迨其今兮⑤！

摽有梅，
顷筐塈之⑥！
求我庶士，
迨其谓之⑦！

---

①摽(biào 音鳔)：落。有：语助词。梅：果名。又叫酸梅或杨梅。
②七：表多数，指未落的果实还有十分之七，比喻青春所余尚多。
③庶：众多。士：此处指未婚男子。
④迨(dài 音代)：及，趁着。吉：吉日良辰。
⑤今：今天。指今天就是好时辰。
⑥塈(xì 音戏，又 jì 音既)：取。用顷筐取梅，说地上的落梅已经很多。
⑦谓(guī 音规或 guǐ 音轨)：即"归"字之假借。

摽有梅

（熟落的梅子）

梅子熟了,就要脱落下来,
树上的梅子十成只剩下七成啊!
好比女子大了,小伙子们要来求爱,
等一个好日子我们去完婚啊!

梅子熟了,就要脱落下来,
树上的梅子十成只剩下三成啊!
好比女子大了,小伙子们要来求爱,
不要等了,今晚就是好时辰啊!

梅子熟了,就要脱落下来,
树上的落梅已装满了竹筐啊!
好比女子大了,小伙子们要来求爱,
只等开口,我就去做他的新娘啊!

Plop, Fall the Plums

Plop, fall the plums;
Of ten on the tree, seven remain;
Let those who would court me
Come before the lucky day slips by.

Plop, fall the plums;
Of ten on the tree, three remain;
For those who would court me
Now is the time!

Plop, fall the plums;
Place them in flat baskets;
Let those who would court me
Come to the gathering! *

---

* It was a Zhou Dynasty custom to hold a gathering in midspring when unmarried men of thirty and unmarried girls of twenty would pair off, dispensing with the usual marriage ceremony.

野有死麕

（召南）

　　这是一首爱情诗。一位英俊的青年猎人看中了一位纯美如玉的姑娘，用猎获的獐子和鹿作为礼物，约她到一片小树林里偷偷相会。姑娘又羞又急，劝他不要鲁莽。

野有死麕

（召南）

野有死麕①，
白茅包之②。
有女怀春③，
吉士诱之④。

林有朴樕⑤，
野有死鹿。
白茅纯束⑥，
有女如玉。

舒而脱脱兮⑦，

---

①麕(jūn 音均)：似鹿而小，无角，俗名獐子。
②白茅：植物名，草本，根生，初夏开白花，有毛，柔嫩，古人用它包
　裹肉类。包：裹起来。
③怀春：指男女情欲萌动。
④吉士：美男之称。
⑤朴樕(pǔ sù 音朴诉)：丛生的小树，古人结婚时用为烛。
⑥纯束：归总一块，捆起来。
⑦舒：慢，徐缓。脱脱：又轻又慢的样子。

無感我帨兮①,
無使尨也吠②。

---

① 无:勿。不要,是劝止的口吻。感(hàn 音汗):古撼字,触动。在此指男子触动(扯动)女子的佩巾。帨(shuì 音税):佩巾,又名蔽膝,系在腹前,相当于围裙。
② 尨(máng 音忙):长毛狗。

野有死麕

（野地死獐）

在野地打死了一只小獐，
用洁白的茅草把它裹上。
年青的女子春心萌动，
英俊的男子就追到她的身旁。

林子的一片灌木丛里，
打死在野地一只小鹿。
洁白的茅草覆在它的身上，
要见的女子像玉一样美丽。

动作别急，手脚放轻啊，
不要扯坏了我的佩巾啊，
不要让我的长毛狗发出叫声。

注：白话诗名为译者所加。

The Roebuck

In the wilds there lies a dead roebuck
Covered over with white rushes;
A girl is longing for love,
A fine fellow tempts her.

In the woods are bushes,
And in the wilds a dead deer
Bound with white rushes,
The girl is fair as jade.

"Oh, soft now and gently;
Don't touch my sash!
Take care, or the dog will bark!"

柏　舟

（邶风）

　　这是一首孤愤诗。一说是卫国一个臣子对于世事的忧虑，诗人生存在一群小人中间，不得其志，但品格刚正，决不媚俗。另一说是写"妇人不得其夫"，一位不能取悦丈夫的女子受到众妾的侮辱，愤而作诗。

柏　舟

（邶风）

泛彼柏舟①，
亦泛其流②。
耿耿不寐③，
如有隐忧④。
微我无酒⑤，
以敖以游⑥。

我心匪鉴，
不可以茹⑦。
亦有兄弟，
不可以据⑧。

---

①泛：飘流。柏舟：柏木做的船，柏也象征坚贞。
②亦：语助词。泛其流：漂流在水波之中。
③耿耿：犹儆儆，忧愁不安之状。不寐：睡不着觉。
④隐忧：心灵深处隐藏着痛苦忧伤。
⑤微：非，不是。
⑥以敖以游：义同"于以敖游"。
⑦匪：非。鉴：镜子。茹：容纳。这句意即"我心不是镜子，不能像
　镜子那样任什么人都能容纳"。
⑧据：依靠。

薄言往愬①，
逢彼之怒。

我心匪石，
不可转也。
我心匪席，
不可卷也。
威仪棣棣②，
不可选也③。

忧心悄悄④，
愠于群小⑤。
觏闵既多⑥，
受侮不少。
静言思之⑦，
寤辟有摽⑧。

日居月诸⑨，

①愬(sù 音诉)：告诉。
②棣棣：庄严安和的样子。
③选：读"巽"，屈挠退让的意思。
④悄悄：愁苦的样子。
⑤愠(yùn 音运)：怨，怒。群小：众多小人。
⑥觏闵既多：遭逢的忧患诚然多。
⑦静言思之：仔细地想一想。静：仔细。言：语助词。
⑧寤辟有摽：辟即抚心。摽即击打。此句意即睡不着觉，抚心自
　叹，以至恨得捶打自己的胸膛。
⑨日居月诸：居、诸都是助词。

胡迭而微①?
心之忧矣,
如匪浣衣②。
静言思之,
不能奋飞。

---

①胡:何。迭:更替。微:指隐微无光。一说"迭"读"秩",常的意思。
②匪:非。浣:洗。"匪浣衣"即匪浣之衣,指日久未洗的脏衣服。

柏 舟

（柏木船）

柏木船儿飘飘悠悠，
孤独无依，随波逐流。
我整夜焦虑得不能入睡，
心灵里装满了深深的忧愁。
不是我没有解忧的美酒，
不是我不能为消愁而远游。

我的心不能像镜子那样，
并不是世间的一切都能包藏。
虽说还有同胞的兄弟，
也不能什么都把他依傍。
若是把我的心事去告诉了他，
说不定他还会怒火满腔。

我的心不是路边的石头，
不能够随便被人推移。
我的心不是床上的草席，
不能够随便被人卷起。
我的行为庄严而又坚定，
从来也不会退让委屈。

我的心中是多么的忧愁，
一想起身边那群小人就感到愤怒。
看见的弊病是如此之多，
我已受够了小人的侮辱。
仔细地想一想这些个事情，
睡觉时只恨得捶打自己的胸脯。

天上的太阳,头顶的月亮，
为什么要更换迭替,隐晦无光?
我的心里实在是忧愁啊，
浑身难受像穿着肮脏未洗的衣裳。
仔细地想一想这些个事情，
恨自己不能奋力逃走,飞到远方。

注:白话诗名为译者所加。

The Boat of Cypress Wood

Freely floats the boat of cypress wood,
Tossing about along the stream.
Eyes open, I can't fall asleep,
As if my heart were heavy with grief.
It's not that I've no wine to drink,
Or nowhere to enjoy visiting.

My heart's not like a bronze mirror,
Absorbing the reflection of everything.
I've brothers, elder and younger,
But not one is trustworthy.
When I tried to pour out my grievances,
I found them furious with me.

My heart's not like a stone,
It can't be turned and moved easily.
My heart's not like a mat,
It can't be rolled up at will.
With dignity and honour,
I'll never flinch or yield.

My heart's weighed down with vexation,
Against me the villains bear a grudge.
Excessive distress I've been confronted with,
Too much indignity I've been treated with.
Meditating silently on this,
I beat my breast when the sad truth dawns upon me.

Oh sun, oh moon,
Why are you always so dim?
My heart stained with sorrow,
Cannot be washed clean like dirty clothes.
I reflect silently on this,
And cannot spread my wings and soar high.

燕 燕
（邶风）

　　这是一首送别诗。描述卫国的国君与他的红颜知己因故不能结合，当她远嫁别国的那一天，他的哀伤而又痛苦的心情。另一说是卫庄姜送戴妫回陈国时做的诗。典出《诗序》："《燕燕》，卫庄公送归妾也。"《韩诗》则说是卫定姜归其娣，送之而作。《鲁诗》、《齐诗》均以为定姜送其妇归宁。

燕　燕
（邶风）

燕燕于飞①，
差池其羽②。
之子于归，
远送于野③。
瞻望弗及④，
泣涕如雨。

燕燕于飞，
颉之颃之⑤。
之子于归，
远于将之⑥。
瞻望弗及，
伫立以泣⑦。

---

①燕燕：一对燕子。于飞：飞翔。于，助词。
②差池(cī chí 音疵池)：与参差义同，长短不齐的样子。
③野：郊野。实指城外。
④瞻望弗及：目送她远去，渐渐地望不见了。
⑤颉之颃之(jié háng 音杰杭)：上下飞舞。颉是上飞。颃是下飞。
⑥远于将之：送她送到远方。于：往。将：送。
⑦伫立以泣：伫立而泣。伫(zhù 音注)：久立。

燕燕于飞，
下上其音①。
之子于归，
远送于南②。
瞻望弗及，
实劳我心③。

仲氏任只④，
其心塞渊⑤。
终温且惠⑥，
淑慎其身⑦。
先君之思，
以勖寡人⑧。

古诗苑汉英译丛

诗经

①下上其音：指飞燕鸣声忽低忽昂。
②远送于南：即远送于野。
③实：是。劳：忧伤之意。
④仲氏：弟兄中排行第二称仲。任只：姓任的。只：助词。
⑤塞渊：诚实深厚。
⑥终温且惠：非常温和而且恭顺。
⑦淑慎其身：善自谨慎其身，这可能是兄长叮嘱妹妹的话。
⑧先君之思，以勖寡人：思存先君的遗德，我这寡德之人愿与你共
　勉。先君：死去的国君。勖：勉励。

燕　燕
（燕子）

燕子向着远方飞去，
美丽的羽翅错落地展开。
今天你和它一样就要去了，
我把你依依难舍地送到郊外。
目送着你直到再也看不见了，
我的眼泪像大雨一样流了下来。

燕子向着远方飞去，
一会儿高飞，一会儿低飞。
今天你和它一样就要去了，
我真想送你到那遥远的边陲。
目送着你直到再也看不见了，
我久久地站在那里默默流泪。

燕子向着远方飞去，
一声儿低鸣，一声儿高啼，
今天你和它一样就要去了，
我真想送你到那南方的异域。
目送着你直到再也看不见了，
无限哀伤涌进了我的心里。

你是我一生最信任的女子，
心灵诚实，情深意真。
性格温柔而又顺良，
处身和善而又谨慎。
还能时时记着先父的遗告，
用他的良言劝勉我这寡德的人。

注：白话诗名为译者所加。

Swallows

Swallows winging their flight,
Short and long are their feathers.
Homewards the lady is going,
Far beyond the fields I see her off.
Gazing till she is out of sight,
My tears fall like rain.

Swallows winging their flight,
Up and down they hover.
Homewards the lady is going,
Far away I see her off.
Gazing till she is out of sight,
I stand a long time weeping.

Swallows winging their flight,
High and low is their song.
Homewards the lady is going,
Far to the south I see her off.
Gazing till she is out of sight,
My heart is filled with sorrow.

Faithful is this lady Zhong,
Her heart honest and deep.
Gentle and kindhearted,
She remains careful and virtuous.
With her fond memories of the late duke,
She's always consoled and encouraged me.

式 微

（邶风）

　　这是一首谴责诗。一群国破家亡的百姓悲愤地呼唤着他们的国君回来,拯救他们于水深火热之中。《诗序》:黎侯流亡于卫,随行臣子作此劝他回国。另一说是此诗表现征夫痛苦,反对劳役。

式　微
（邶风）

式微,式微①！
胡不归？
微君之故②,
胡为乎中露③！

式微,式微！
胡不归？
微君之躬④,
胡为乎泥中⑤！

①式:发语词,无实义。微:通"昧",黄昏。
②微君之故:非君之故。
③胡为乎:做什么,为什么。中露:露中。指冒着风霜雨露。
④躬:身体。
⑤泥中:泥里水里。

式 微

（衰败）

国势太衰败了，太衰败了！
你怎么还不回到故土？
不是因为你这一国之君的缘故，
国人为什么会餐风饮露？

国势太衰败了，太衰败了！
你怎么还不回到故国？
不是因为你这亡国之君的身份，
国人为什么会陷入泥泊？

诗 经

注：白话诗名为译者所加。

It's Near Dusk

It's near dusk,
It's near dusk,
Why not go home?
If not for the sake of the lord's corvée,
Why should we suffer the heavy dew?

It's near dusk,
It's near dusk,
Why not go home?
If not for the sake of the lord's person,
Why should we toil in the mire?

静 女
（邶风）

　　这是一首爱情诗。一位青年男子和一位少女约好在城角幽会,可是到时候她却藏了起来。当男子见到她并且得到她赠送的红草时,心情无比激动。《诗序》以为是"刺时",言"卫君无道,夫人无德"。有学者因此解释为"刺卫宣公纳伋妻",当系附会。

静 女

（邶风）

静女其姝①，
俟我于城隅。
爱而不见②，
搔首踟蹰③。

静女其娈，
贻我彤管④。
彤管有炜⑤，
说怿女美⑥。

自牧归荑⑦，

---

①静女：犹淑女。文静美丽的少女。姝(shū 音书)：形容女子容颜
漂亮。

②爱：薆的借字。隐藏的意思。不见：不现。

③搔首踟蹰：形容焦急不安的样子。

④娈：女子容貌姣好。彤管：一说是涂红的管子，如红笛。一说是
红色管状的草，与荑为一物。

⑤炜(wěi 音伟)：红光鲜明。

⑥说怿(yuè yì 音月义)：喜爱。

⑦自牧归荑：把从野外采来的白茅芽赠给我。牧：野外。归(kuì 音
愧)：与"馈"通。赠送。荑：凡初生的植物都叫荑。

洵美且异①。
匪女之为美，
美人之贻②。

①洵(xún 音旬)：诚然，真正的。
②贻(yí 音怡)：赠送。

静 女
（文静的少女）

少女文静而又漂亮，
说好等我在幽僻的地方。
可她却故意藏了起来，
急得我抓破头皮四处彷徨。

少女文静而又美貌，
赠给我一束可爱的红草。
草杆儿闪放着红红的光彩，
一见到她我的心情就无比美好。

这嫩草采自野外的草丛，
它实在好看而且与众不同，
我爱的不是你这草儿，
而因为你是美人的馈送。

注：白话诗名为译者所加。

The Quiet Girl

A quiet girl and lovely
Was to meet me at the turret by the wall;
But she is nowhere to be seen,
And I scratch my head, perplexed.

A quiet girl and pretty
Gives me a blade of red grass;
A splendid blade of red grass —
I take pleasure in its beauty.

From the meadows she brings me a shoot,
Beautiful and rare;
It is not the shoot that is lovely,
But it was given me by a lovely girl.

新 台

（邶风）

　　这是一首讽刺诗。卫宣公与后母夷姜私通，生子伋，长成后卫宣公替他娶齐女为妻，因闻女美而欲自娶，遂于黄河边上造新台，在齐女初入卫境时将她截留。"国人"憎其行为而作此诗，以"籧篨"、"戚施"为喻，讥讽他老而又残却还好色。

新 台
（邶风）

新台有泚①，
河水弥弥②。
燕婉之求③，
籧篨不鲜④。

新台有洒⑤，
河水浼浼⑥。
燕婉之求，
籧篨不殄⑦。

鱼纲之设，

---

① 泚(cǐ 音此)：鲜明，此指新楼台雕饰华丽。

② 弥弥：形容大水漫漫。

③ 燕婉：欢乐美好貌。

④ 籧篨(qú chú 音渠除)。即"籧"，哈蟆、蟾蜍一类东西。不鲜：指
相貌不好。

⑤ 洒：高峻的样子。

⑥ 浼浼：指河水与两岸平。

⑦ 殄(tiǎn 音忝)：通"腆"，善也。不殄：即不善，义同不鲜。

鸿则离之①。
燕婉之求，
得此戚施②。

诗经

①鸿：苦蠪的合音，苦蠪就是蛤蟆。离：通"罹"，落的意思。
②戚施：指鸠胸龟背而颈不能仰的体态。

新 台
（水上新楼）

新造的楼台豪华漂亮，
台下的河水一片浩茫。
娴美的新娘要嫁如意郎君，
老公却丑得像癞蛤蟆一样。

新造的楼台雄伟高峻，
台下的河水一派平静。
娴美的新娘要嫁如意郎君，
老公却像癞蛤蟆那样恶心。

河边的渔网本为捕鱼，
不想癞蛤蟆落在网里。
娴美的新娘要嫁如意郎君，
癞蛤蟆却老得腰直不起。

注：白话诗名为译者所加。

Dazzling the New Tower *

Dazzling the new tower
By the brimming river.
In place of the good match sought,
A loathsome toad.

Lofty the new tower
By the smooth-flowing river.
In place of the good match sought,
A stinking toad.

A net set for fish
Caught a paddock.
In place of the good match sought,
An ugly hunchback.

---

* This song satirizes Duke Xuan of Wei, who took his son's bride as his own wife, and to welcome her built a tower by the Yellow River.

君子偕老

（鄘风）

　　这是一首讽刺诗。极尽描写卫夫人宣姜精心奢侈的打扮和富丽豪华的服饰,讽刺她倾国倾城,赛过天上的神女。同时含蓄地暗示其口说与卫君永生同居,但却品行不端让人无法言说。

君子偕老

（鄘风）

君子偕老①，
副笄六珈②。
委委佗佗，
如山如河③，
象服是宜④。
子之不淑⑤，
云如之何⑥？

玼兮玼兮⑦，
其之翟也⑧。

---

①君子：在此指丈夫。偕老：指夫妻白头偕老。

②副：通"髲"，假髻，又指祭服的首饰。笄(jī 音基)：簪。六珈：六
种瑱玉，加在笄下。以六玉为饰，走路时会摇动，也叫"步摇"。

③委委佗佗，如山如河：指女子举止雍容，体态优美，有如山河之
蜿蜒。

④象服：画袍，即镶嵌着珠宝、绣绘着彩色花纹的礼服。宜：礼服
合身。

⑤子：你。不淑：行为不端。

⑥云如之何：又能对你怎么样呢？云：语助词。

⑦玼(cǐ 音此)：花纹绚烂繁盛的样子。

⑧翟(dí 音笛)：雉鸡。指绣着雄鸡彩羽的象服。

鬒发如云①，
不屑髢也②，
玉之瑱也③，
象之揥也④，
扬且之皙也⑤。
胡然而天也？
胡然而帝也⑥？

瑳兮瑳兮，
其之展也⑦，
蒙彼绉绤，
是绁袢也⑧。
子之清扬⑨，
扬且之颜也，
展如之人兮⑩，
邦之媛也⑪！

---

①鬒(zhěn 音枕)：乌黑浓密的长发。

②不屑：不需要。髢(dí 音敌)：女用假发。一说象牙制的簪。

③玉之瑱(tiàn 音掭)：美玉和珍珠镶嵌的耳坠。

④象之揥(tì 音剃)：象牙或兽骨刻制的一种簪子。

⑤扬：额角。且(jǔ 音举)：助词，无义。皙(xī 音西)：白嫩的样子。

⑥胡然：何如。天：天神。帝：义犹天。

⑦瑳(cuō 音搓)：鲜艳美丽。展：指身上穿的礼服。

⑧蒙：覆、罩。绉绤：一种特别细而薄的绉纱和丝葛。绁袢(xiè fán 音谢烦)：夏天穿的一种薄薄的贴身衣裳。

⑨清扬：目清眉扬。

⑩展：即亶字，诚然，真正的。

⑪媛(yuán 音元)：美女。邦之媛：意为国色，举国无双的美女。

君子偕老

(永远的夫妻)

这个女人要和丈夫永生相依，
头戴金银钗簪，身佩六种美玉。
举止雍容，体态优雅，
美妙的曲线宛若山高水低，
镶满珠宝的礼服是那样合体。
可是你的品行却不端正，
这叫人怎么对你说起？

穿着华丽啊，穿着华丽啊，
礼服上还绣着漂亮的野鸡。
又黑又密的长发好像天上的乌云，
根本不需要假发来作装饰。
耳朵上坠着美玉的双环，
发髻上插着象牙的簪子，
额角又是那样的白皙。
天上的神女下凡算个什么？
云中的仙子又怎能和你相比？

穿着鲜艳啊，穿着鲜艳啊，
礼服上的珠宝是那么灿烂。

外面还罩着一层透明的丝纱，
漂亮的丝带束在腰间。
你美目清亮，蛾眉舒扬，
额角又是那样的丰满。
你真正是一个这样的人呵，
一国最俏的女人，天下最美的容颜！

注：白话诗名为译者所加。

Hoping to Live with Her Lord Till Death

Hoping to live with her lord till death,
She wears a coronet with six jewels.
It looks so stately and graceful,
Like imposing mountains and elegant rivers.
The painted garment fits her well.
But fate has been bad to her,
What unavoidable misfortune!

So bright and gorgeous
Are the pheasant feathers painted on her gown.
Jet-black hair crowns her head like clouds,
No false locks does she need.
Her eardrops are made of jade,
Her head scratcher of ivory.
Broad is her forehead and fair-complexioned.
Why should she go to heaven?
Why present herself before the gods?

So exquisite and resplendent
Is her snow-white ceremonial attire.
Over fine crêpe underclothing
She wears a close-fitting undergarment.

古诗苑汉英译丛

诗　经

君子偕老·鄘风

第七一页

Bright and sparkling are her eyes,

Broad is her brow.

Truly, only a lady like her

Can be a beauty of this state.

相　鼠

（鄘风）

　　这是一首讽刺诗。卫国新君及士大夫们荒淫无耻，非礼少仪，老百姓骂他们连最下贱的老鼠也不如。《诗序》："《相鼠》，刺无礼也。卫文公能正其群臣，而在位承先君之化无礼仪也。"

相 鼠

（鄘风）

相鼠有皮，
人而无仪①！
人而无仪，
不死何为②？

相鼠有齿，
人而无止③！
人而无止，
不死何俟④？

相鼠有体，
人而无礼⑤！
人而无礼，
胡不遄死⑥？

---

①相鼠有皮：一种比兴手法，借以讥讽所谓"君子"之无耻。相：
看。仪：指礼仪。

②何为：为何。干什么。

③止：通"耻"。一说为节止，控制欲望，合乎礼法。

④俟：等待。

⑤体：肢体。礼：礼法，指当时公认的道德准则和行为规范。

⑥胡：何。遄（chuán 音传）：速，快。赶快。

相 鼠

（瞧那老鼠）

你瞧那老鼠还有皮毛呢，
怎么人就没有礼貌！
人若是连礼貌也不讲了，
那为什么不去死掉？

你瞧那老鼠还有牙齿呢，
怎么人就没有羞耻！
人若是连羞耻也不要了，
那还等个什么而不去死？

你瞧那老鼠还有肢体呢，
怎么人就没有礼仪！
人若是连礼仪也不懂了，
那为什么不快些死去？

注：白话诗名为译者所加。
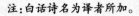

The Rat Has a Skin

The rat has a skin,
Yet a man may lack decency.
A man without decency,
What is he doing, that he does not die?

The rat has teeth,
Yet a man may have no restraint.
A man with no restraint,
What is he waiting for, that he does not die?

The rat has limbs,
Yet a man may have no manners.
A man with no manners
Had best quickly die.

载 驰
（鄘风）

　　这是一首爱国诗。《左传》及《诗序》都说是许穆夫人所作。许穆夫人为卫戴公之妹,嫁于许国。公元前 660 年,卫都被狄人所破,卫懿公被杀。戴公于漕邑继立为国君,旋卒,其弟文公继位。许穆夫人既悲痛卫国颠覆,哀伤许国弱小不能相救,欲归唁其兄又不可得,故作此诗以写其伤痛。

载　驰

（鄘风）

载驰载驱①，

归唁卫侯②。

驱马悠悠③，

言至于漕④。

大夫跋涉⑤，

我心则忧⑥。

既不我嘉⑦，

不能旋反⑧。

视尔不臧⑨，

我思不远⑩。

---

①载驰载驱：且驰且驱，形容马车急骤奔驰。

②归唁：回到卫国去吊唁。卫侯：指已死的卫戴公申。

③驱马：赶着马快走。悠悠：长远的样子。

④至于漕：到达漕邑。

⑤跋涉：跋山涉水。大夫：指许国的诸臣。

⑥忧：指闻噩耗而引起忧愁。

⑦既：尽。不我嘉：不赞同我。

⑧旋反：旋归。

⑨不臧：不善。

⑩思：忧思。不远：不忘，难以抛开。

既不我嘉，
不能旋济①。
视尔不臧，
我思不闷②。

陟彼阿丘③，
言采其蝱④。
女子善怀⑤，
亦各有行⑥。
许人尤之⑦，
众稚且狂⑧。

我行其野，
芃芃其麦⑨。
控于大邦⑩，
谁因谁极⑪？
大夫君子，

---

①旋济：指渡水回卫。

②闷：同"懑"，慎重。

③阿丘：一边偏高的山丘。这里可能指卫国的丘名。

④蝱（méng 音萌）：药名，贝母草，可治郁结之疾。

⑤善怀：多愁善感。

⑥亦各有行：也都自有道理。

⑦尤之：责难（我）。

⑧稚且狂：既幼稚无知又狂傲无礼。

⑨芃芃（péng 音彭）：植物茂盛的样子。

⑩控于大邦：求告于大国。

⑪谁因谁极：谁和卫国相亲，谁急卫国之急。因：亲。极：急。

无我有尤。
百尔所思①，
不如我所之②。

①百尔所思：千思百虑。
②不如：不随，不遂愿。不如我所之：意为不能遂我心愿。

载 驰
（奔驰的马车）

我乘坐马车一路狂奔，
是急着回去看望失国的卫君。
扬鞭催马要走过漫漫的长途，
才能回到故国漕邑的边境。
大夫们跋山涉水地赶来劝我，
怎奈我的心里忧思如焚。

都说我这时回去不好，
我的心却不能被你们扭转。
我看你们都想得不对，
全不知我对故国难忘的思念。
都说我这时回去不好，
我的脚也不会被你们阻拦。
我看你们都做得不对，
全不懂我对家乡深深的怀恋。

马车奔上高高的山丘，
我去采挖那贝母草疗治心愁。
身在异国的女子最容易伤感，
我愿意各自走各自的道路。

许国的大夫纷纷责难着我，
这些人像孩童一样无知糊涂。

我经过的田野是那么广袤，
满地里一片葱茏的麦苗。
真想去求告大国的帮助，
可不知谁能亲近谁可依靠？
你们这些大夫士子们，
不要再对我进行阻挠。
纵然你们有一百个主意，
也不如我自己决定好了。

注：白话诗名为译者所加。

I Ride, I Gallop

I ride, I gallop,
Bearing words of comfort for the lord of Wei,
Spurring my horse on and on
To the city of Cao[*];
But the elders too have made the long journey,
And my heart is troubled.

You may oppose me,
But I cannot go back;
My plan is less far-fetched
Than your worthless scheme.

You may oppose me
But you cannot stop me;
My plan is better thought out

---

* After the state of Wei was overthrown by the Di tribesmen in 660 BC, the defeated took refuge in the city of Cao and set up a new lord of Wei, whose younger sister, Lady Mu, came from the state of Xu with a proposal to ask help from other countries. To her anger, the men of Xu opposed her plan, and sent their councillors to Cao to thwart it.

Than your worthless scheme.

I climb a sloping mound
To gather toad-lilies;
Though a woman is easily moved,
She knows what is right.
The men of Xu blame me —
Overbearing fools!

I walk in the fields;
Thick and green grows the wheat;
We must turn for aid to some mighty state —
Who feels for us will help us.

Councillors and nobles,
The fault lies not with me;
All your hundred schemes
Count for less than that I shall do!

硕 人

（卫风）

这是一首赞美诗。诗中赞美庄姜的家世、美貌和仪从之盛，夸耀其贵族的地位和豪奢生活。庄姜是卫庄公之妻，齐太子得臣之妹，见《左传·隐公三年》。《诗序》说，庄公嬖爱其妾，冷遇庄姜，故庄姜无子，"国人"悯之，乃作此诗。

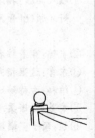

硕 人
（卫风）

硕人其颀①，
衣锦褧衣②。
齐侯之子，
卫侯之妻。
东宫之妹③，
邢侯之姨，
谭公维私④。

手如柔荑⑤。
肤如凝脂。
领如蝤蛴⑥。

---

①硕人其颀：指美人身段高大匀称，丰满俊俏。硕(shí 音时)：美
　好。颀(qí 音其)：长。形容身段高大健美，古代男女以长大为
　美。
②衣锦：穿着锦衣。褧(jiǒng 音窘)衣：麻布制的单罩衣。
③东宫：这里指齐国太子。东宫是太子住所。
④维私：古称姊妹之夫曰私。
⑤柔荑：白嫩柔滑的茅芽。
⑥领：颈子。蝤蛴(qiú qí 音求齐)：天牛的幼虫，白色身长。

齿如瓠犀①。
螓首蛾眉②。
巧笑倩兮③。
美目盼兮④。

硕人敖敖⑤，
说于农郊⑥。
四牡有骄，
朱帻镳镳⑦，
翟茀以朝⑧。
大夫夙退，
无使君劳⑨。

河水洋洋⑩，
北流活活。

---

①瓠犀(hù xī 音户西)：瓠瓜子，整齐洁白。

②螓首蛾眉：像小蝉那样方正丰满的前额，像蚕蛾须那样弯长秀
美的眉。

③巧笑：指俏丽巧妙的笑容。倩：笑时两颊出现的酒涡。

④盼：形容眼波流动有情。

⑤敖敖：犹颀颀。

⑥说(shuì 音税)：停息。

⑦朱帻(fén 音坟)：用红丝绳缠饰的马嚼。镳镳(biāo 音镖)：露出
马嚼的部分，这里指盛美。

⑧翟茀：用山鸡尾装饰的轿车。翟：野鸡尾。茀：通"蔽"，遮蔽女
车的席子。

⑨大夫二句：意谓大夫们早些退朝吧，不要使新婚的女君劳倦。

⑩河：黄河。洋洋：水势澎湃的样子。

施罛濊濊①，
鱣鲔发发②，
葭菼揭揭③。
庶姜孽孽④，
庶士有朅⑤。

①施罛：张鱼网。罛(gū 音孤)：同罟，网。濊濊(huò 音或)：撒网
　入水声。
②鱣(zhān 音沾)：一种大鲤鱼。鲔(wěi 音伟)：即今谓鲟鱼。发发
　(bó 音伯)：鱼跳动声。
③葭菼(jiā tǎn 音加谈)：芦苇。揭揭：长大挺直的样子。
④庶姜：指众侄娣，陪嫁的女子。孽孽(niè 音聂)：头饰华丽盛多
　的样子。
⑤庶士：指陪从的齐国众位大夫。朅(qiè 音切)：英武强壮的样
　子。

硕 人

（高挑的美人）

高挑的美人长得真俊，
漂亮的斗篷，锦绣的衣裙。
她是齐侯的女儿，
卫侯是她的夫君。
她是太子的妹妹，
刑侯是她丈夫的连襟，
另一个姊夫也是谭氏公卿。

小手儿柔嫩好比初生的茅芽，
皮肤像冻结的油膏那样光滑。
长长的脖子宛若雪白的嫩虫，
瓠中的瓜子是她整齐的门牙。
额头方如小蝉，眉毛弯如蚕蛾，
嘴角浮着迷人的微笑，
眼里闪动春波的光华。

高挑的美人生得真靓，
她住在城外幽静的地方。
驾车的是四匹健壮的雄马，
马儿的铁嚼用红绸缠上，

野鸡毛装饰着马车的帷帐。
大夫们早些退朝去吧,
不要使女君的玉体劳累损伤。

黄河的流水汹涌激荡,
波涛滚滚流进海洋。
将捕鱼的大网撒在水中,
无数条大鱼纷纷落网。
河边的芦草高高地挺起,
陪嫁的侍女苗条漂亮,
护送的官员威武雄壮。

注:白话诗名为译者所加。

The Buxom Lady

The buxom lady is big and tall,

Over a brocade garment she wears a cape.

A daughter of the Duke of Qi,

She is now the bride of our Duke of Wei;

Younger sister of the heir to Qi,

Sister-in-law of the Marquis of Xing,

The lord of Tan is her brother-in-law.

Her delicate fingers tender as grass,

Her skin white and smooth as lard,

Her neck long and soft as a longicorn's larva,

Her teeth even and white as melon seeds,

Her head full and square, her brows long and curved,

Sweet smile dimpling the corners of her mouth,

Her pretty eyes, the black and white clearly defined.

The buxom lady is tall and big,

On the outskirts she halts for a rest.

The four steeds vigorous and strong,

The red silk trappings on their bits imposing,

In a pheasant-feather-curtained carriage she reaches court.

Leave the court early, high officials,

Don't trouble and tire our duke!

Vast and mighty are the waters of the Yellow River.

Northward its jubilant waves surge;

When a net is played out swishing,

Carp and sturgeon leap and splash.

The reeds by the banks towering high,

All her bridal maids are slender and richly dressed,

All her warriors gallant and impressive.

氓
（卫风）

　　这是一首弃妇诗。一个流浪汉，引诱了良家女子并将她娶到家中。婚后，女子终日勤劳持家，他却对她施以暴虐。《诗序》说旨在讽刺卫国风气淫靡而赞美弃妇能返于正道。朱熹谓为荡妇被弃而自道其悔恨。氓，一为"自彼来此之民曰氓，从民从亡会意"；二为"不忧民曰氓"；三为"野民曰氓"。

氓

（卫风）

氓之蚩蚩，
抱布贸丝①。
匪来贸丝，
来即我谋②。
送子涉淇③，
至于顿丘④。
匪我愆期⑤，
子无良媒。
将子无怒⑥，
秋以为期。

乘彼垝垣⑦，

---

① 氓(méng 音萌)：流民。蚩蚩(chī 音痴)：借为嗤嗤，嘻笑貌。一
  说敦厚貌。贸：交易，交换。
② 即：就，接近。谋：指商量结婚。
③ 淇：卫国地名。
④ 顿丘：卫国地名。
⑤ 愆(qiān 音牵)期：拖延日期。
⑥ 将(qiāng 音枪)：愿，请。
⑦ 垝(guǐ 音诡)垣：即坏墙。

诗经

以望复关①。
不见复关,
泣涕涟涟。
既见复关,
载笑载言。
尔卜尔筮②,
体无咎言③。
以尔车来,
以我贿迁④。

桑之未落,
其叶沃若⑤。
于嗟鸠兮,
无食桑葚⑥!
于嗟女兮,
无与士耽⑦!
士之耽兮,
犹可说也⑧;

---

①复关:指那男子返回关卡。复:返。关:关卡。

②卜:以龟甲占卜。筮(shì 音誓):用蓍(shī 音诗)草占卜。

③体:指占卜的结果。咎:灾祸,指不吉利。

④贿:财物,这里指嫁妆。

⑤沃若:犹沃然,润泽貌。

⑥于借为吁,吁嗟是悲叹声。鸠:斑鸠。桑葚(shèn 音慎):桑树
　的果实。

⑦耽(dān 音丹):过分的迷恋欢乐。

⑧说:读为脱,解脱之意。

女之耽兮，
不可说也。

桑之落矣，
其黄而陨①。
自我徂尔，
三岁食贫②。
淇水汤汤，
渐车帷裳③。
女也不爽，
士贰其行④。
士也罔极，
二三其德⑤！

三岁为妇，
靡室劳矣⑥。
夙兴夜寐，
靡有朝矣⑦！

---

①陨(yǔn音云)：落下。
②徂(cú音粗二声)：往，指嫁到男家。三岁：指多年。食贫：犹言
　受穷吃苦，过苦日子。
③汤(shāng音伤)汤：水盛大貌。渐：浸湿。帷裳：围住车的慢帐。
④爽：过错。贰(tè音特)其行：贰，"忒"的误字，过错，指男的行为
　不对。
⑤罔：无，没有。极：准则。二三其德：指三心二意，不专于爱情。
⑥靡：不，无。此句为所有的家庭劳作一身担负无余。
⑦夙：早。兴：起。靡有朝矣：即朝朝如此。

言既遂矣，
至于暴矣①。
兄弟不知，
咥其笑矣②。
静言思之，
躬自悼矣③！

及尔偕老，
老使我怨。
淇则有岸，
隰则有泮④。
总角之宴，
言笑晏晏⑤。
信誓旦旦，
不思其反⑥。
反是不思，
亦已焉哉⑦！

①言：语助词，无义。遂：犹久。暴：粗暴，虐待。
②咥(xì音戏)：讥笑貌。
③言：语助词，无义。躬：身。悼：伤。
④隰：当作湿，水名，流经卫地，就是漯河，黄河的支流。一说隰(xí
　音席)是低湿之洼地。泮(pàn音判)：通畔，边际。
⑤总角：未成年男女把头发扎成两角，称总角。这里指未成年之
　时。宴：快乐。晏晏：温和貌。
⑥信誓：真诚的誓言。旦旦：即恒恒，诚恳貌。不思：想不到。反：
　违反，变心。
⑦反是不思：过去的事情不再想。亦已焉哉：犹言算了，罢了。是
　极度伤心之语。

氓
（流民）

那流浪的汉子嘻皮笑脸，
手里拿着钱币来贩卖丝线。
你本不是要做丝线生意，
而分明是打我的算盘。
分别时我送你渡过淇水，
直到那顿丘我才回还。
不是我拖延下次约会的日子，
是怪你不请媒人上门商谈。
但愿你不要为此生气，
希望你把婚期订在秋天。

多少次爬上那残破的墙面，
盼望你再次回到乡关。
可是看不见你回关的人影，
泪珠儿不绝地掉在胸前。
有一天终于看见你从关外回来，
我不禁又说又笑，情话绵绵。
用龟甲卜卦，又用蓍草占课，
卦上没有半句不吉的谶言。

你快驾着马车来迎娶我吧，
我将带着嫁妆去到你的身边。

山上的桑树正当茂盛，
一片片桑叶嫩嫩青青。
唉唉，那飞来的斑鸠啊，
不要一味地贪吃桑葚！
唉唉，这世上的女子啊，
不要过分地迷恋男人！
男人沉迷在欢乐之中，
他终究还可以想法脱身；
女子一旦陷进了情网，
她要想解脱却万万不能。

山上的桑树开始凋残，
色黄叶枯坠落在路边。
自从我离开娘家嫁给了你，
三年来吃尽苦头受尽贫寒。
淇河的流水宽阔浩荡，
河水溅湿了车上的帷幔。
我这为妻的并没有过错，
倒是你这做男人的行为不端。
男人的欲望没有止境，
三心二意爱情不专！

我给你做了三年的妻子，
没有一样家务不是靠我操持。
清早起来干活，很晚才去休息，
没有哪一天不是如此！
当年你要娶我的话已经实现，
如今却对我这样暴虐放肆。
娘家的兄弟也许还不知情，
知道了定会嘲笑我不该嫁你。
仔细地回想我的一生，
心里为自己充满了哀思！

原指望我和你白头到底，
我恨你嫌我人老珠黄把我抛弃。
就像那淇河再宽也有河岸，
隰水再广也有边际。
回想那头扎两角的孩提时代，
我每天都说说笑笑，甜甜蜜蜜。
你曾明明白白地赌咒说要爱我，
想不到如今却违反誓意。
过去的事情我已不愿再想，
从今往后也只好和你分离！

注：白话诗名为译者所加。

A Simple Fellow

A simple fellow, all smiles,
Brought cloth to exchange for thread,
Not in truth to buy thread
But to arrange about me.
I saw you across the Qi
As far as Dunqiu;
It was not I who wanted to put it off,
But you did not have a proper matchmaker.
I begged you not to be angry
And fixed autumn as the time.

I climbed the city wall
To watch for your return to the pass;
And when you did not come
My tears fell in floods;
Then I saw you come,
And how gaily I laughed and talked!
You consulted tortoise-shell and milfoil, *
And they showed nothing unlucky;
You came with your cart

---

* Used for divination.

And took me off with my dowry.

Before the mulberry sheds its leaves,
How green and fresh they are!
Ah, turtle-dove,
Do not eat the mulberries!
Ah, girls,
Do not take your pleasure with men!
A man can take pleasure
And get away with it,
But a girl
Will never get away with it.

The mulberry sheds its leaves
Yellow and sere;
After going to you
Three years I supped on poverty.
Deep are the waters of the Qi;
They wet the curtains as the carriage crossed,
I did no wrong,
You were the one to blame;
It was you who were faithless
And changed.

Three years I was your wife,
Never idle in your house,
Rising early and retiring late
Day after day.

All went smoothly

Till you turned rough;

And my brothers, not knowing,

Laughed and joked with me as before.

Alone, thinking over my fate,

I could only lament.

I had hoped to grow old with you,

Now the thought of old age grieves my heart.

The Qi has its shores,

The Shi its banks;

How happy we were, our hair in tufts, *

How fondly we talked and laughed,

How solemnly swore to be true!

I must think no more of the past;

The past is done with —

Better let it end like this!

古诗苑汉英译丛

诗 经

---

* Young people, before coming of age, tied their hair in two tufts.

伯兮
（卫风）

　　这是一首相思诗。丈夫远征在外，妻子日日夜夜地苦苦思念着他，懒于梳妆，无心打扮。《诗序》："《伯兮》，刺时也。言君子行役，为王前驱，过时而不反焉。"《郑笺》说是卫宣公时的作品，当时蔡人、卫人、陈人从周王伐郑，诗即为此事而作。

伯 兮

（卫风）

伯兮朅兮①，
邦之桀兮②。
伯也执殳③，
为王前驱④。

自伯之东，
首如飞蓬⑤。
岂无膏沐⑥？
谁适为容⑦！

其雨其雨，

---

①伯：哥哥。女子对其夫的昵称。朅（qiè音切）：英武的姿态。

②邦：国。天下。桀：傑（杰）之省借。英雄豪杰。

③也：相当于"啊"。殳（shū音书）：兵器名，杖类，长一丈二尺。

④前驱：先锋。

⑤首如飞蓬：头发像蓬草一样乱。

⑥膏沐：指润发油。

⑦谁适为容：为谁适容。为了让谁喜爱而打扮。

杲杲出日①。
愿言思伯,
甘心首疾②。

焉得谖草③?
言树之背④。
愿言思伯,
使我心痗⑤。

①杲杲(gǎo 音稿):明亮的样子。"其雨其雨,杲杲出日",是指事
　与愿违。其:语助词,有乞求意。
②愿言:沉思的样子,犹愿然。首疾:犹疾首。头痛。
③焉得谖草:何处能得到忘忧之草。
④言树之背:栽植在房之后。树:种植。背:古文和"北"同字。这
　里指北堂,或叫后庭,后房的北阶下。
⑤心痗:心病。痗(mèi 音昧):忧思成病。

伯 兮

（我的哥啊）

我的哥啊威武而又矫健啊，
真是天下的英雄好汉啊。
我的哥手里拿着长柄的武器，
在国王的军中一马当先。

自从我的哥去东边征战，
我的头上就像野草一样蓬乱。
哪里是没有梳头的发油？
而是打扮漂亮了给谁来看！

好比是盼着下雨，盼着下雨，
明亮的太阳却冉冉升起。
想着我那从军的哥哥，
思念太切我的头都疼痛不已。

怎么才能寻到忘忧的萱草，
把它栽在我屋后的园中。
想着我那从军的哥哥，
都快把我都想出了心病。

注：白话诗名为译者所加。

Bo Is So Brave

Bo is so brave,
A hero in our state!
Grasping his lance
He fights in the king's vanguard.

Since Bo went to the east
My hair has been unkempt as wind-blown thistle.
It is not that I have no hair-oil,
But for whom should I want to beautify myself?

Let it rain, let it rain!
But instead the sun shines bright.
I keep longing for Bo,
Heedless of my aching head.

Where can I find the herb of forgetfulness
To plant behind the house?
I keep longing for Bo,
Though it makes me sick at heart.

木　瓜

（卫风）

　　这是一首情歌。一位青年女子把木瓜、桃子和李子赠送给她喜欢的男子，男子将此视作爱情的暗示，不惜解下自己身上所有的玉佩作为回报。《诗序》以为系卫人赞美齐恒公之作，因卫国败于狄人，齐恒公救而存之，卫人思图厚报，故作此诗。另一说是卫实未报齐，因作此以讽之。

木 瓜

（卫风）

投我以木瓜，
报之以琼琚①。
匪报也，
永以为好也②！

投我以木桃③，
报之以琼瑶。
匪报也，
永以为好也！

投我以木李④，
报之以琼玖。
匪报也，
永以为好也！

---

①木瓜:果实名。报:酬答。琼琚(qióng jū 音穷居):玉制的装饰
　品。琼:赤玉,又是美玉的通称,与下面"琼瑶"、"琼玖"同。
②匪:非,不是。好(hào 音浩):爱。
③木桃:桃子。
④木李:李子。

木 瓜

(木瓜)

你送给我一只木瓜，
我会用玉佩把你报答。
这不是我对你物质的感谢，
而是要永远把友爱记挂。

你送给我一只鲜桃，
我会用玉佩把你酬报。
这不是我对你物质的感谢，
而是要永远把友爱记牢！

你送给我一只梅李，
我会用玉佩回赠给你。
这不是我对你物质的感谢，
而是要把友爱永记到底！

注：白话诗名为译者所加。

Quince

A quince she threw to me,
A jade pendant I gave her in return.
It was not just a requital,
But to show I'd love her for ever.

A peach she threw to me,
A gem pendant I gave her in return.
It was not just a requital,
But to show I'd love her for ever.

A plum she threw to me,
A jasper pendant I gave her in return.
It was not just a requital,
But to show I'd love her for ever.

黍 离
（王风）

　　这是一首思乡诗。诗人因国破家亡而远走他乡，在流浪途中看到满地的庄稼越发构起思乡之情。《诗序》："《黍离》，闵宗周也。周大夫行役至于宗周，过故到宗庙宫室，尽为禾黍。闵周室之颠覆，彷徨不忍去而作是诗。"

黍 离
（王风）

彼黍离离，
彼稷之苗①。
行迈靡靡②，
中心摇摇③。
知我者④，
谓我心忧；
不知我者，
谓我何求。
悠悠苍天⑤！
此何人哉⑥？

彼黍离离，
彼稷之穗。

---

①黍(shǔ音蜀)：黍即小米，一说大黄米。离离：一行一行长得茂
密的样子。稷(jì音计)：高粱。
②行迈：行走不止。靡靡：迟迟，慢吞吞地。
③中心摇摇：心中难过，恍惚不安。
④知我者：了解我心情的人。
⑤悠悠：高远的样子。
⑥此何人哉：这种颓败荒凉景象，是何人造成的。

行迈靡靡，
中心如醉。
知我者，
谓我心忧；
不知我者，
谓我何求。
悠悠苍天！
此何人哉？

彼黍离离，
彼稷之实。
行迈靡靡，
中心如噎①。
知我者，
谓我心忧；
不知我者，
谓我何求。
悠悠苍天！
此何人哉？

---

①如噎：心中郁闷，如有东西堵塞。

黍 离

（茂盛的庄稼）

地里的黍谷那么茂盛，
田间的高粱苗儿青青。
我独自慢慢地走在路上，
恍惚的心怎么也不安定。
理解我的人呢，
会说我心中装着忧闷；
不理解我的人呢，
却会问我在把什么找寻。
高高在上的老天啊！
谁使我成了这样的愁人？

地里的黍谷那么茂盛，
田间的高粱穗儿沉沉。
我独自缓缓地走在路上，
迷茫的心好像酒醉未醒。
理解我的人呢，
会说我心中装着忧闷；
不理解我的人呢，
却会问我在把什么找寻。
高高在上的老天啊！

谁使我成了这样的愁人?

地里的黍谷那么茂盛,
田间的高粱粒儿殷殷。
我独自迟迟地走在路上,
沉重的心实在有如骨鲠。
理解我的人呢,
会说我心中装着忧闷;
不理解我的人呢,
却会问我在把什么找寻。
高高在上的苍天啊!
谁使我成了这样的愁人?

注:白话诗名为译者所加。

The Millet Is Dense and Tall

The millet is dense and tall,
The sorghum is in sprout.
I walk on slowly,
My heart shaken within me.
Those who know me say that my heart is sad;
Those who do not know me ask for what I am searching.
Oh, grey heaven stretching endlessly away,
Who has done this to me?

The millet is dense and tall,
The sorghum is in spike.
I walk on slowly,
My heart stupefied.
Those who know me say that my heart is sad;
Those who do not know me ask for what I am searching.
Oh, grey heaven stretching endlessly away,
Who has done this to me?

The millet is dense and tall,

The sorghum is in grain.

I walk on slowly,

My heart like to choke.

Those who know me say that my heart is sad;

Those who do not know me ask for what I am searching.

Oh, grey heaven stretching endlessly away,

Who has done this to me?

君子于役

（王风）

　　这是一首相思诗。丈夫在外戍守边疆，相距遥远，不知归期。妻子天天倚门相望，每见鸡群进笼，牛羊归圈，太阳下山，总要想起离家的丈夫。这里的"君子"是古时妻子对丈夫的敬称；役，戍守边疆。《诗·小雅·采薇序》："命将率遣戍役以守卫中国。"

君子于役
（王风）

君子于役①，
不知其期，
曷至哉②？
鸡栖于埘③，
日之夕矣，
羊牛下来。
君子于役，
如之何勿思！

君子于役，
不日不月④，
曷其有佸⑤？
鸡栖于桀⑥，
日之夕矣，

①于役：行役在外。于：往。役：服徭役。
②曷至哉：什么时候才能回来。
③埘(shí音时)：用泥土砌的鸡窝。
④不日不月：没有定期，不可按日月计算。
⑤有佸(yòu huó音又活)：再见面团聚。佸：会。
⑥桀(jié音洁)：指木桩。

羊牛下括①。
君子于役，
苟无饥渴②！

---

①括：和"佸"字变义同。牛羊下来群聚一处叫作下括。
②苟无饥渴：意为但愿他在外没受饥渴吧。苟：且，幸。

君子于役
（当兵的丈夫）

丈夫在边疆服着兵役，
不知道何年何月是他归期，
什么时候才能回家相聚？
鸡儿钻进笼里，
太阳西边落去，
牛羊走下坡底。
长年征守边疆的丈夫，
此时我怎能不把他思忆！

丈夫当兵久在外边，
不知道哪月哪日才能回还，
什么时候才能和我团圆？
鸡儿站上木杆，
太阳落下西山，
牛羊走回家园。
久在外边当兵的丈夫，
但愿他别受渴饿的熬煎！

注：白话诗名为译者所加。

My Man Is on Service

My man is on service
For how long no one knows.
Oh, when will he return?
The fowls are roosting on their perches,
Another day is done,
Down the hill come cattle and sheep;
But my man is on service
And how can I forget him?

My man is on service,
The days and months go by.
Oh, when will he be home again?
The fowls have come to their roosts,
Another day is done,
Sheep and cattle are back in the pen,
But my man is on service,
Thirsty, perhaps, and hungry.

将仲子

（郑风）

　　这是一首恋歌。一对青年男女有心相好，男子
一心想偷偷地攀树越墙爬进女子家来与她私会。女
子提心吊胆，害怕被父母、哥哥以及邻居们知道，乞
求他千万不要进来，她会在心里默默地爱着他的。

将仲子
（郑风）

将仲子兮①，
无逾我里②，
无折我树杞③。
岂敢爱之？
畏我父母。
仲可怀也④，
父母之言亦可畏也。

将仲子兮，
无逾我墙⑤，
无折我树桑⑥。
岂敢爱之？
畏我诸兄⑦。

①将(qiāng 音羌)：请求。仲：兄弟(姊妹)排行第二的称谓。
②无：不要。逾：越过。里：古制二十五家为一里，里有里墙。
③树杞：杞树，又名杞柳。与下面"树桑"、"树檀"都是指树。
④爱：吝惜。怀：思念。
⑤墙：院墙。
⑥树桑：桑树。
⑦诸兄：众位兄长。

仲可怀也，
诸兄之言亦可畏也。

将仲子兮，
无踰我园①。
无折我树檀②。
岂敢爱之？
畏人之多言③。
仲可怀也，
人之多言亦可畏也。

①园：园墙。
②树檀：檀树。
③人：指外人。

将仲子

（小二哥哥我求你）

小二哥哥我求你呀，
千万不要越进我家的住地，
不要攀断了我家的杞枝。
我哪里是在吝惜树呢？
原是害怕父母的管治。
虽说你是我思念的小二哥，
但父母的教训也令我心悸。

小二哥哥我求你呀，
千万不要跳进我家的墙院，
不要把我家的桑枝攀断。
我哪里是在吝惜树呢？
原是害怕兄长们的责难。
虽说你是我思念的小二哥，
但兄长的指责也让我胆寒。

小二哥哥我求你呀，
千万不要闯进我家的园中，
不要攀断我檀树的枝丛。
我哪里是在吝惜树呢？

原是害怕外人的闲话太重。
虽说你是我思念的小二哥，
但外人的舆论也使我惶恐。

注：白话诗名为译者所加。

I Beg You，Zhongzi

I beg you，Zhongzi,
Don't climb into our yard,
Don't break our willows!
Not that I mind about the willows,
But I am afraid of my father and mother.
Yes，much as I love you,
I am afraid of what my parents will say.

I beg you，Zhongzi,
Don't climb over our wall,
Don't break our mulberry trees!
Not that I mind about the mulberries,
But I am afraid of my brothers.
Yes，much as I love you,
I dread what my brothers will say.

I beg you，Zhongzi,
Don't climb into our garden,
Don't break our elms!
Not that I mind about the elms,
But I am afraid folk will gossip;
Yes，much as I love you,
I am afraid of their gossip.

女曰鸡鸣
（郑风）

　　这是一首抒情诗,通篇采用夫妻对答的形式。清早妻子催丈夫起去射猎,丈夫却想和她多睡一会儿。继而从射鸟聊到烹制,聊到饮酒,以至如何终生相爱,互相报答。《诗序》:"《鸡鸣》,思贤妃也。哀公荒淫怠慢,故陈贤妃贞女凤夜警戒相成之道焉。"

女曰鸡鸣
（郑风）

女曰鸡鸣①，
士曰昧旦②。
子兴视夜③，
明星有烂④。
将翱将翔⑤，
弋凫与雁⑥。

弋言加之⑦，
与子宜之⑧。
宜言饮酒，
与子偕老⑨。

---

①女：妻子。鸡鸣：指黎明前雄鸡啼鸣。

②士：古代男子之通称。昧旦：天色将明未明之际。

③兴：起，起身。视夜：看看夜色。

④明星：启明星。有烂：即明亮。

⑤将翱将翔：言天亮时群鸟将各处飞动。一说指人的动作，犹彷徉。

⑥弋(yì音亦)：射。凫(fú音孚)：俗称野鸭。

⑦言：语助词。加之：射中的意思。

⑧与：为。替。宜：指佳肴。

⑨偕老：终生相伴，白头到老。

琴瑟在御①，
莫不静好。

知子之来之②，
杂佩以赠之③。
知子之顺之，
杂佩以问之④。
知子之好之，
杂佩以报之⑤。

女曰鸡鸣·郑风

古诗苑汉英译丛

诗经

①琴瑟在御，莫不静好：象征夫妇和谐，婚姻美满，如琴瑟相配。
　御：用，弹奏。
②来：读"勑"，和顺、体贴、殷勤、眷爱的意思，和下文"顺""好"义
　相近。
③杂佩：古代的饰物，各种珠玉组成的佩饰。
④问：也是赠送之意。
⑤好(hào 音号)：爱。报：报答。以饰物相赠。

女日鸡鸣
（妻说鸡叫了）

妻子说,你听鸡在叫了,
丈夫说,天色离大亮还早。
妻子说,你起身出去看看夜空,
启明星一定在东方闪耀。
清晨的群鸟将要展翅飞翔,
快去射那天上的大雁河边的水鸟。

要是你把那鸟儿射中,
我会替你烹出绝美的味道。
要是你举杯与我喝酒,
我愿和你夫妻恩爱白头到老。
愿我俩像那配对的琴瑟,
知音相伴,和谐美好。

明白你对我一颗爱心,
我送你一块佩玉表示感激。
明白你对我一汪深情,
我送你一串佩珠表答谢意。
明白你对我一片赤诚,
我把心爱的饰物都献给你。

注:白话诗名为译者所加。

The Wife Says: "The Cock Is Crowing."

The wife says: "The cock is crowing."
The husband replies: "It's hardly dawn."
"Get up and look at the night sky,
The morning star is high and bright."
"I'll get up at my ease,
And go to shoot wild ducks and geese."

"When you shoot, you'll make a good bag,
And I'll dress them well for you.
With these delicacies we'll drink
To a blissful old age.
With such harmonious love,
All will be happy and peaceful."

"Knowing your deep concern for me,
A colourful jade pendant I'll present you.
Knowing your tender feeling for me,
A colourful jade pendant I'll give you.
Knowing your virtuous love for me,
A colourful jade pendant I'll requite you."

褰 裳
（郑风）

　　这是一首调情歌。一位青年女子大胆地挑逗河那边的男子，激将他，煽动他挽起裤子渡过河来与她相好。《诗序》和《郑笺》均说是写郑世子忽、突争国，"国人"望大国来改变这种局面，当属附会。

褰　裳

（郑风）

子惠思我①，
褰裳涉溱②。
子不我思③，
岂无他人？
狂童之狂也且④！

子惠思我，
褰裳涉洧⑤。
子不我思，
岂无他士⑥？
狂童之狂也且！

---

①惠：爱。思：思念。
②褰(qiān 音千)裳：提起下装。溱(zhēn 音真)：河流名。源出河南省。
③不我思：不思我。
④狂童：傻小子。狂童之狂：傻子中的傻子。也且(jū 音沮)：犹也哉。
⑤洧：河流名。源于河南省。
⑥他士：别的男子。

褰　裳

（挽起你的裤子）

你心里若是真的爱我，
何不挽起裤子淌过溱河。
你若是心里不把我爱，
难道就没有爱我的人么？
你真是傻小伙中最傻的小伙！

你心里若是真的想我，
何不挽起裤子渡过洧河。
你若是心里不把我想，
未必就没有想我的人么？
你真是蠢男孩中最蠢的一个！

注：白话诗名为译者所加。

If You Really Love Me

If you really love me,
Lift up your robe and wade across the River Zhen!
If you don't love me,
What about some other man?
Oh, the most foolish among fools are you!

If you really love me,
Lift up your robe and wade across the River Wei!
If you don't love me,
What about someone else?
Oh, the most foolish among fools are you!

风 雨
（郑风）

　　这是一首爱情诗。描绘在一个风雨交加的黄昏，孤独惶恐的妻子盼望丈夫回来，以及丈夫终于出现在她身边的心情。《诗序》:"《风雨》,思君子也。乱世则思君子不改其度焉。"

风 雨

（郑风）

风雨凄凄，
鸡鸣喈喈①。
既见君子，
云胡不夷②？

风雨潇潇③，
鸡鸣胶胶。
既见君子，
云胡不瘳④？

风雨如晦⑤，
鸡鸣不已。
既见君子，
云胡不喜？

---

①凄凄：风雨飘零貌。喈喈：与下面"胶胶"都是鸡鸣声。
②既：已经。君子：丈夫。云：语首词。胡：何、怎么，为什么。夷：
　平。指心境平静。
③潇潇：风雨急骤之声。
④瘳（chōu 音轴）：病愈。
⑤晦（huì 音惠）：昏暗不明。不已：不止。

风 雨
（风雨）

风儿冷冷,雨儿清清,
荒鸡叫着,声声不停。
但是既然见到了亲人,
心里还有什么不能平静?

风声紧紧,雨声急急,
荒鸡长鸣,声声不息。
但是既然见到了亲人,
还有什么心病不能痊愈?

漫天风雨,一片昏暗,
荒鸡悲啼,声声不断。
但是既然见到了亲人,
怎么不叫人转忧为欢?

注:白话诗名为译者所加。

Wind and Rain

Cold is the wind and chill the rain,
Hens are cackling loudly.
Now I've seen my good man again,
How peaceful my heart is!

The wind whistles and the rain patters,
Hens are cackling merrily.
Now I've seen my good man again,
How light my heart becomes!

Wind and rain sweep the gloomy sky,
Hens are cackling endlessly.
Now I've seen my good man again,
How joyful my heart feels!

子 衿
（郑风）

　　这是一首爱情诗。一位少女在城墙一角苦苦等待着一位她心爱的读书郎，想像着眼前出现他那动人的衣领和佩玉，心里愤愤地责备他不主动来找自己。毛传："青衿，青领也，学子之所服。"

子　衿
（郑风）

青青子衿，
悠悠我心①。
纵我不往，
子宁不嗣音②？

青青子佩，
悠悠我思③。
纵我不往，
子宁不来？

挑兮达兮，
在城阙兮④。
一日不见，
如三月兮。

---

①青青：纯绿色。衿(jīn 音今)：衣领。一说是"给"的假借字，给
　是系佩玉的带子。悠悠：形容思绪不绝。
②纵：纵然，即使。宁：岂。难道。怎能。嗣音：寄以书信。嗣：又
　作"诒"，寄。
③佩：指佩玉。在此实指佩玉的绶带。思：相思。
④挑兮达兮：来往徘徊的样子。城阙：城门边的角楼。

子 衿
（你的衣领）

青青的是你那好看的衣领，
悠悠的是这思念的心。
纵然我没有去你那儿，
难道你不能给我寄来音信？

绿绿的是你那漂亮的佩玉，
长长的是我不绝的思绪。
即便我没到你那儿去，
难道你不能主动把我寻觅？

徘徊过去呀，徘徊过来呀，
我在城楼边苦苦地等待呀。
一天没有见到你的影子，
就像有三个月那么难捱呀。

注：白话诗名为译者所加。

Scholar with the Blue Collar

Oh, scholar with the blue collar,
Long I've been yearning for you.
Though I haven't gone to visit you,
Why don't you send me some news?

Oh, scholar with the blue silk ribbon,
Long I've been in love with you.
Though I haven't gone to visit you,
Why don't you come to see me?

I keep pacing to and fro,
On the tower of the city wall.
If for one day I don't see you,
It seems like three months to me!

出其东门

（郑风）

　　这是一首爱情诗。这位爱情专一的男子走出东门，看见城外到处都是艳丽的女子，可是他并不动心。他的心里只有那位白衣素衫的贫家姑娘。《诗序》以为是"闵乱之作"，《诗集传》以为是写一不为"淫风""所移"的"能自好"之士，当属附会。

古诗苑汉英译丛

出其东门
（郑风）

出其东门，
有女如云①。
虽则如云，
匪我思存②。
缟衣綦巾，
聊乐我员③。

出其闉阇④，
有女如荼⑤。
虽则如荼，
匪我思且⑥。
缟衣茹藘⑦，
聊可与娱。

①东门：郑人游乐之地。有女如云：言美女既多又美，如片片彩云。

②匪：非。不是。思存：即思之所在。

③缟衣：未经染色的白色之衣，较粗贱。綦巾：暗绿佩巾，这是贫苦女子的服饰。员：一作"云"，语助词。

④闉阇(yīn dū 音因都)：闉是外城，阇是外城城门。

⑤荼(tú 音途)：荼茅，是一种白色开花植物。

⑥且(jū 音居)：同"徂"，往。

⑦茹藘(rú lú 音如驴)：即茜草，在此指红色佩巾。

出其东门
（走出东门）

我走出东边的城门，
那里的美女多如天上的彩云。
虽然像彩云一样众多，
可是我并不为她们动心。
我的意中人素白的衣裳，暗绿的头巾，
一见到她，我就感到万分开心。

我走出护城的门外，
那里的美女像芦花一样嫩白。
虽然白如河边的芦花，
可是我并不把她们挂怀。
我的意中人素白的衣裳，草红的发带，
和她一起，我会觉得无比欢快。

注：白话诗名为译者所加。

Outside the Eastern City Gate

Outside the eastern city gate,
Girls look like colourful clouds.
Though they are lovely as clouds,
Yet none is the one who dwells in my heart.
Only she of the white dress and greenish scarf
Would I be eager to meet.

Outside the outer city gate,
Girls look like reed catkins.
Though they are pretty as reed catkins,
Yet none is the one who remains in my heart.
Only she of the white dress and scarlet kerchief
Would I be overjoyed to see.

野有蔓草

（郑风）

　　这是一首爱情诗。清晨，一对青年男女在挂着露珠儿的野草地边邂逅相遇，男子被少女的美貌所吸引，渴望和她永生相伴。《诗序》："《野有蔓草》，思遇时也。君之泽不下流，民穷于兵革，男女失时，思不期而会焉。"

野有蔓草

（郑风）

野有蔓草，
零露漙兮①。
有美一人，
清扬婉兮②。
邂逅相遇③，
适我愿兮。

野有蔓草，
零露瀼瀼④。
有美一人，
婉如清扬⑤。
邂逅相遇，
与子偕臧⑥。

---

①零：落。滴。漙(tuán 音团)：形容露水多。

②清扬婉兮：言其眉目之美。

③邂逅(xiè hòu 音谢后)：不期而遇。适我愿：称我心愿。

④瀼瀼(ráng 音穰)：露水盛多状。

⑤如：而。与"清扬婉兮"对应。

⑥臧(zāng 音脏)：好。善。一说为通"藏"，藏于幽僻处自由结合。

野有蔓草

（野地的蔓草）

蔓延的青草生长在野地，
草叶上的露珠儿一滴一滴啊。
有一个人儿长得美丽，
亮亮的眼睛，弯弯的蛾眉啊。
我俩在野草边不期相遇，
你实在符合我的心意啊。

蔓延的青草在野地生长，
草叶上的露水儿一汪一汪啊。
有一个人儿长得漂亮，
清俊的眉眼，秀气的脸庞啊。
我俩在野草边无意碰上，
真想永远跟在你身旁啊。

注：白话诗名为译者所加。

In the Wilds Grew Creepers

In the wilds grew creepers,
With dew-drops so heavy and thick.
There was a girl, beautiful and bright,
Her features so delicate and charming.
By chance we met each other,
She embodied my long-cherished wish.

In the wilds grew creepers,
With dew-drops so full and round.
There was a girl, beautiful and bright,
Her features so charming and delicate.
By chance we met each other,
Together with her life will be happy.

溱 洧

（郑风）

　　这是一首风俗诗。郑国风俗，每年三月初三即上巳日，在溱、洧两条河边"招魂续魄，袚除不祥"。此诗描绘了这一天的青年男女在两河边言笑逗乐，谈情说爱，互赠花草的动人场面。

溱 洧

（郑风）

溱与洧，
方涣涣兮①。
士与女，
方秉蕑兮②。
女曰观乎？
士曰既且③。
且往观乎？
洧之外④，
洵讦且乐⑤。
维士与女，
伊其相谑⑥，
赠之以勺药⑦

---

①涣涣：河水荡漾的样子。

②秉：持。蕑(jiān音坚)：兰草的一种。

③且(jū音居)：徂之借字。前往之意。

④外：河滩外。河边。

⑤洵(xún音旬)：诚然。讦(xū音虚)：大。这里指水边宽阔而可乐。

⑥维、伊：都是语助词。相谑：相互说笑逗乐。

⑦勺药：又作芍药。花卉名，和靡芜同类。男女相赠芍药以示爱
　情。

溱与洧，
浏其清矣①。
士与女，
殷其盈矣②。
女曰观乎？
士曰既且。
且往观乎？
洧之外，
洵汙且乐。
维士与女，
伊其将谑③，
赠之以勺药。

---

①浏(liú 音刘)：水深而清。

②殷：众多貌。盈：满。

③将谑：戏谑之貌。将：义同相，相互。

溱 洧

（溱水与洧水）

溱水长长,洧水宽宽,
荡漾的河水映蓝天啊。
男子女子走了过来,
手里握着一枝枝香兰啊。
女子说,到前面去看一看么?
男子说,已经去看过了。
女子说,不能陪我再去看么?
男女双双走到河边,
宽阔的河滩上嘻笑一片。
男子女子偎在一起,
你取我乐,我逗你玩,
互送那可爱的芍药留作纪念。

溱水滔滔,洧水滚滚,
流淌的河水深又清呀。
男男女女涌了过来,
岸边挤满一堆堆游人呀。
女子说,到前面去看一看么?
男子说,已经去看过了。
女子说,不能陪我再去看么?

男女成群奔到河滨，
宽阔的河滩上欢声阵阵。
男男女女挤在一起，
你逗我笑，我开你心，
互送那美丽的芍药作为定情。

注：白话诗名为译者所加。

When the Zhen and the Wei *

When the Zhen and the Wei
Brim their banks,
Lads and lasses
Gather orchids.
Says she, "Have you looked around?"
Says he, "I have."
"Why not have another look?
Beyond the Wei
It's very open and pleasant."
Together then
They sport and play,
And each gives the other a peony.

When the Zhen and the Wei
Flow clear,
Lads and lasses
Flock to their banks.
Says she, "Have you looked around?"

诗经

---

  * This song describes the spring outing in the third month, a time for
courtship, when young people gathered by rivers. The peony symbolized
true love.

Says he, "I have."
"Why not have another look?
Beyond the Wei
It's very open and pleasant."
Together then
They sport and play,
And each gives the other a peony.

伐　檀

（魏风）

　　这是一首遣责诗。劳动者一边辛勤地砍树为贵族们制作车辆，一边以悲愤的心情遣责着他们不劳而获。《诗序》："《伐檀》，刺贪也。在位贪鄙，无功而受禄，君子不得进仕尔。"

伐　檀

（魏风）

坎坎伐檀兮，
置之河之干兮，
河水清且涟猗①。
不稼不穑，
胡取禾三百廛兮②？
不狩不猎，
胡瞻尔庭有县貆兮③？
彼君子兮，
不素餐兮④！

坎坎伐辐兮，
置之河之侧兮，
河水清且直猗⑤。
不稼不穑，

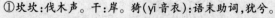

①坎坎：伐木声。干：岸。猗（yī 音衣）：语末助词，犹兮。
②稼：耕种。穑（sè 音色）：收获。廛（chán 音蝉）："缠"的假借。犹
　束，捆。三百缠即三百束，言其多。
③瞻：见，看见。县：即悬字古写。貆（huán 音桓）：就是猪獾。
④素餐：犹言白吃饭，不劳而食。
⑤辐：车轮上的辐条，直木。直：指直的波纹。

胡取禾三百亿兮①?
不狩不猎,
胡瞻尔庭有县特兮②?
彼君子兮,
不素食兮!

坎坎伐轮兮,
置之河之漘兮,
河水清且沦猗③。
不稼不穑,
胡取禾三百囷兮④?
不狩不猎,
胡瞻尔庭有县鹑兮⑤?
彼君子兮,
不素飧兮⑥!

①亿:"繶"的假借。古时十万为一亿。三百亿言很多。一说亿也
　是束、捆之意。
②特:三岁之兽。
③漘(chún 音唇):河岸边水土相接处。沦:小风吹动水面所起的
　如轮状的波纹。
④囷(qūn 音逡):"稇"的假借。圆形粮仓,又叫囷。一说也是束、
　捆。
⑤鹑(chún 音淳):鹌鹑。
⑥飧(sūn 音孙):熟食。这里用作动词,吃。

伐 檀

（砍树）

砍檀树啊咔咔地砍啊，
砍倒了就放在那河水边啊，
清清的河水起微澜。
不去耕种，不去收割，
凭什么把那多捆粮食往家搬啊？
不去打猎，不去捕兽，
凭什么你家里悬满了猪獾啊？
你们这些当官的人啊，
可不是叫你们白吃饭啊！

咔咔地砍树做车辐梁啊，
砍倒了就放在那河水旁啊，
清清的河水泛直浪。
不去耕种，不去收割，
凭什么取走谷禾一仓仓啊？
不去打猎，不去捕兽，
凭什么你家里小兽悬满墙啊？
你们这些当官的人啊，
可不是叫你们白吃粮啊！

咔咔地砍树把车轮做啊，
砍倒了就在那岸边放着啊，
清清的河水荡圆涡。
不去耕种，不去收割，
凭什么抢走谷禾一垛垛啊？
不去打猎，不去捕兽，
凭什么你家的鹌鹑悬得多啊？
你们这些当官的人啊，
可不能叫我们白养活啊！

注：白话诗名为译者所加。

Chop, Chop, We Cut Elms

Chop, chop, we cut down the elms
And pile the wood on the bank,
By the waters clear and rippling.
They neither sow nor reap;
How then have they three hundred sheaves of corn?
They neither hunt nor chase;
How then do we see badgers hanging in their courtyards?
Ah, those lords,
They do not need to work for their food!

Chop, chop, we cut wood for wheel-spokes
And pile it on the shore,
By the waters clear and flowing.
They neither sow nor reap;
How then have they three hundred stacks of corn?
They neither hunt nor chase;
How then do we see bulls hanging in their courtyards?
Ah, those lords,
They do not need to work to eat!

Chop, chop, we cut hardwood for wheels
And pile it at the river's brink,
By the waters clear and dimpling.
They neither sow nor reap;
How then have they three hundred ricks of corn?
They neither hunt nor chase;
How then do we see quails hanging in their courtyards?
Ah, those lords,
They do not have to work to live!

硕 鼠

（魏风）

这是一首谴责诗。百姓把那些不劳而获的官吏比作大老鼠，同时想像着永远地离开这里。《诗序》："《硕鼠》，刺重敛也。'国人'刺其君重敛，蚕食于民，不修其政，贪而畏人，若大鼠也。"《鲁诗》和《齐诗》均说此诗是反对承认私田的合法性，但要向私田征税"履亩税"，维护井田制。另一说是写奴隶的逃亡。

硕　鼠

（魏风）

硕鼠硕鼠，
无食我黍①！
三岁贯女，
莫我肯顾②。
逝将去女，
适彼乐土③。
乐土乐土，
爰得我所④？

硕鼠硕鼠，
无食我麦！
三岁贯女，
莫我肯德⑤。

---

①硕鼠：就是"尔雅"里的鼫鼠，又名田鼠，俗称土耗子或地老鼠。
　一说大老鼠。黍：黍子，粘黄米。

②三岁：多年。贯：又作"宦"，侍奉，供养。女：汝，你。顾：顾念，
　照顾。

③逝：同誓。去：离去。适：去，往。乐土、乐国、乐郊：均为人们想
　像中的安乐地方。

④爰：何处，何时。所：安身之处。

⑤德：恩惠，好处。

逝将去女，
适彼乐国？
乐国乐国，
爰得我直①？

硕鼠硕鼠，
无食我苗②！
三岁贯女，
莫我肯劳③。
逝将去女，
适彼乐郊？
乐郊乐郊，
谁之永号④？

①直：或为职之假，职犹所。一说为值，得我值即劳动得到了相当
　的报偿。
②由食黍、麦面到苗，可见硕鼠贪残无厌。
③劳：慰劳。
④之：其。号(háo 音毫)：叹息，哀叹。

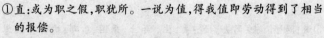

硕 鼠

（大老鼠）

大老鼠，大老鼠，
不要再吃我的谷米！
我已把你供养了多年，
你却一点也不肯把我顾惜。
我真想永远地离开你，
到那边去寻找一片快乐的土地。
快乐的土地，快乐的土地，
我怎么不能乐业安居？

大老鼠，大老鼠，
不要再吃我的稻麦！
我已把你供养了多年，
你却一点也不肯施我恩德。
我真想永远地离开你，
到那边去投靠一个快乐的家国。
快乐的家国，快乐的家国，
我怎么不能安居乐业？

大老鼠，大老鼠，
不要再把我禾苗啃吞！

我已把你供养了多年,
你却一点也不体谅我的艰辛。
我真想永远地离开你,
到那边去选择一座快乐的乡村。
快乐的乡村,快乐的乡村,
谁还会发出长长的叹声?

————————

注:白话诗名为译者所加。

Field Mouse

Field mouse, field mouse,[*]
Keep away from our millet!
Three years we have served you,
But what do you care about us?
Now we shall leave you
For a happier realm,
A happy realm
Where we shall have a place.

Field mouse, field mouse,
Keep away from our wheat!
Three years we have served you,
But what have you done for us?
Now we shall leave you
For a happier land,
A happy land
Where we shall get our due.

---

* A term used to indicate the despotic ruler.

Field mouse, field mouse,
Keep away from our rice-shoots!
Three years we have served you,
But have you rewarded us?
Now we shall leave you
For those happy plains,
Those happy plains
Where weeping is never heard.

绸　缪

（唐风）

　　这是一首贺婚歌。歌者把柴禾捆在一起比喻婚姻，希望在这个美好的新婚之夜，漂亮的新人要珍惜时光，抓紧相爱。《诗序》："《绸缪》，刺晋乱也。国乱则婚姻不得其时焉。"另一说是男女邂逅相遇。

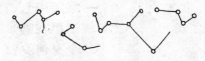

绸　缪
（唐风）

绸缪束薪①，
三星在天②。
今夕何夕③？
见此良人④。
子兮子兮，
如此良人何⑤！

绸缪束刍，
三星在隅⑥。
今夕何夕？
见此邂逅⑦。

---

①绸缪(chóu móu 音仇谋)：缠绕。捆束。束薪：把柴草捆成捆儿。
　古代以束薪、束刍、束楚比喻婚姻爱情。
②三星：即参星。因为它是由三颗星组成，故称三星。在天：指三
　星开始出现在天空，说明已是黄昏时分。
③何夕：何等美好的黄昏。
④良人：新郎。一说是好人。
⑤如此良人何：对这么可爱的人该怎么相亲才好？
⑥刍(chú 音除)：草。隅：角落。在此指天空的一角。
⑦邂逅(xiè hòu 音屑后)：遇合。实指不期而遇的人。一说是爱
　悦，这里指可爱的人。

绸缪·唐风

子兮子兮，
如此邂逅何！

绸缪束楚，
三星在户①。
今夕何夕？
见此粲者②。
子兮子兮，
如此粲者何！

诗 经

①楚：荆条。在户：当户。三星对着门窗，夜色更深。
②粲者：美丽可爱的人。

绸　缪

（缠）

柴草儿捆了又捆，
抬头看见天上的三星。
今晚是何等美好的夜晚？
迎来了你这个可爱的人。
你啊你啊，
可爱的人，今晚我和你怎么相亲！

柴草儿缠了又缠，
三星已经出现在天边。
今晚是何等美好的夜晚？
我们在这里喜悦地相见。
你啊你啊，
喜悦的人，今晚我和你怎么相恋！

柴草儿绑了又绑，
三星已经对住了门窗。
今晚是何等美好的夜晚？
我见到的人儿这么漂亮。
你啊你啊，
漂亮的人，怎么度过今晚的时光！

注：白话诗名为译者所加。

Tightly Bound

Tightly bound is a bundle of firewood,
The Three Stars* are high in the sky.
Oh, which night is tonight?
Here I meet my good man.
What fortune! What fortune!
How lucky to see my good man!

Tightly bound is a bundle of hay,
The Three Stars are at the corner of the house.
Oh, which night is tonight?
Here I meet my unknown spouse.
What fortune! What fortune!
How lucky to see my unknown spouse!

---

* The interpretations for this are varied, among which one explains
that: in the first stanza this refers to Orion's belt and the line indicates the
season; in the second stanza it refers to three bright stars in Scorpio and
the line indicates that it is late evening; in the third stanza it refers to Al-
tair and the line indicates it is the middle of the night.

Tightly bound is a bundle of brambles,
The Three Stars are in front of the door.
Oh, which night is tonight?
Here I meet my beautiful one.
What fortune! What fortune!
How lucky to see my beautiful one!

鸨 羽
（唐风）

　　这是一首悲愤诗。庄稼汉们终年在外服着苦役，不能在家耕田，想起家中的爹娘，忧心如焚，无路可走，只能向老天发出哀怨的呼号。《诗序》："《鸨羽》，刺时也。晋昭公之后，大乱五世，君子下从征役，不得养其父母，而作是诗也。"《诗集传》则说是"民从征役而不得养其父母，故作此诗。"

鸨 羽
（唐风）

肃肃鸨羽①，
集于苞栩②。
王事靡盬③，
不能艺稷黍④。
父母何怙⑤？
悠悠苍天！
曷其有所⑥？

肃肃鸨翼，
集于苞棘⑦。
王事靡盬，
不能艺黍稷。

---

①肃肃：鸟翅扇动的响声。鸨(bǎo 音宝)：鸟名，似大雁。羽：翅翼。

②集：群鸟止息。苞栩：丛密的柞树，一说栎树。

③王事：朝廷之事。泛指官差徭役。靡盬(gǔ 音古)：没有休止。

④艺(yì 音义)：种植。

⑤何怙(hù 音户)：何恃。依靠什么。

⑥曷其有所：何时能得到安身之所？曷：何时。

⑦棘：荆棘。

鸨羽·唐风

父母何食①?
悠悠苍天!
曷其有极②?

肃肃鸨行③,
集于苞桑。
王事靡盬,
不能艺稻粱。
父母何尝?
悠悠苍天!
曷其有常④?

诗 经

①食(sì 音四):吃。何食:食何。吃什么?
②曷其有极:何时才是尽头?极:尽头。
③行(háng 音杭):指鸨鸟飞时排成行列。
④常:正常。

鸨 羽

（鸨鸟的翅膀）

鸨鸟们嗖嗖地振响着翅膀，
天黑才停落在栎树枝上。
好比百姓为朝廷无休地服役，
没有了功夫耕田种粮。
明年靠什么奉养爹娘？
高高在上的老天！
何时才有一个活命的地方？

鸨鸟们嗖嗖地扇动着双翼，
天黑才停落在柞树林里。
好比百姓为朝廷无休地服役，
没有了功夫耕田种地。
爹和娘明年哪有吃的？
高高在上的老天！
这样的日子何时才是结局？

振翅飞翔的鸨鸟一行一行，
天黑才停落在桑树梢上。
好比百姓为朝廷无休地服役，
没有功夫种稻谷高粱。

明年用什么养活爹娘？

高高在上的老天！

这世道什么时候才能正常？

Bustards' Plumes

Swish, swish sound the bustards' plumes,
Alighting on a clump of oaks.
The king's corvée gives no peace and rest,
Impossible for me to plant millet!
What can my parents depend on for their living?
Good Heavens! Good Heavens!
When shall I lead a life of leisure?

Swish, swish flap the bustards' wings,
Alighting on a clump of brambles.
The king's corvée gives no peace and rest,
Impossible for me to plant millet!
What can my parents rely on for their support?
Good Heavens! Good Heavens!
When will all this come to an end?

Swish, swish come the row of bustards,
Alighting on a clump of mulberries.
The king's corvée gives no peace and rest,
Impossible for me to plant rice!
What can my parents depend on for their meals?
Good Heavens! Good Heavens!
When will life resume its peace?

蒹 葭
（秦风）

　　这是一首爱情诗。清晨有一位青年男子痴望着河水，期盼见到他心爱的姑娘，河边芦苇上的露水渐渐稀少，他还久久地站在那里。另一说是诗中所写寻求"伊人"终不可得，"伊人"乃为隐士。《诗序》："《蒹葭》，刺襄公也。未能用周礼，将无以固其国焉。"《郑笺》也释"伊人"为"知周礼之贤人"，皆为臆说。

蒹 葭

（秦风）

蒹葭苍苍①，
白露为霜②。
所谓伊人③，
在水一方。
溯洄从之④，
道阻且长。
溯游从之⑤，
宛在水中央⑥。

蒹葭萋萋，
白露未晞⑦。
所谓伊人，

---

①蒹葭(jiān jiā 音间加)：芦苇。苍苍：生长茂密、鲜明。与下面"萋
　萋"、"采采"义同。
②白露为霜：露水凝结成霜花。
③伊人：那人。指心爱的人。
④溯洄从之：逆流而上。从之：找她。
⑤溯游：顺流而下。游：流。
⑥宛：宛然。仿佛。好像。水中央：指水中小洲。
⑦晞(xī音希)：干。

在水之湄①。
溯洄从之，
道阻且跻②。
溯游从之，
宛在水中坻③。

蒹葭采采，
白露未已④。
所谓伊人，
在水之涘⑤。
溯洄从之，
道阻且右⑥。
溯游从之，
宛在水中沚⑦。

---

①湄(méi 音眉)：水边。
②跻(jī 音基)：升。向高处登。
③坻(chí 音池)：水中露出的小岛。
④未已：未晞，露水还没干。
⑤涘(sì 音四)：水边。
⑥右(yǐ 音以)：曲折，迂回。
⑦沚(zhǐ 音止)：水中的小沙滩。

蒹 葭

（芦苇）

水边的芦苇一片苍茫，
苇上的露水已凝成了白霜。
我那心爱的人儿，
她正在河水的那一方。
心想逆着河流前去找她，
路有阻隔而又漫长。
心想顺着河流前去找她，
她却像在河中的岛上。

水边的芦苇凄迷一片，
苇上的露水还没消散。
我那心爱的人儿，
她正在那河水的岸边。
心想逆着河流前去找她，
路有阻隔还要攀山。
心想顺着河流前去找她，
她却像在河中的沙滩。

水边长着苍茫的芦苇，
苇上挂着未干的露水。

我那心爱的人儿，
她正在那对岸的河滨。
心想逆着河流前去找她，
路有阻隔还要迂回。
心想顺着河流前去找她，
她却像在河中不能相会。

注：白话诗名为译者所加。

The Reeds

The reeds are luxuriant and green,
The white dew has turned to frost.
My beloved so dear to me
Is somewhere beyond the waters.
Upriver I search for him,
The way is arduous and long.
Downriver I search for him,
He seems to be in the middle of the waters.

The reeds are exuberant and strong,
The white dew has not yet dried.
My beloved so dear to me
Is somewhere near the river-bank.
Upriver I search for him,
The way is arduous and hard.
Downriver I search for him,
He seems to be on a shoal in the waters.

The reeds are flourishing and lush,
The white dew is still falling.
My beloved so dear to me
Is somewhere near the riverside.
Upriver I search for him,
The way is arduous and tortuous.
Downriver I search for him,
He seems to be on an islet in the waters.

黄 鸟
（秦风）

　　这是一首挽歌。公元前 621 年，秦穆公死，殉葬者一百六十七人，其中有良臣子车氏三人：奄息、仲行、铖虎。《诗序》说"国人"视三人为"良人"，故作此诗以哀悼他们，并对这一事件表示不满。黄鸟，鸟名。郭璞注《尔雅·释鸟》："黄鸟，俗呼黄离留，亦名搏黍。"黄离留即黄莺。

黄 鸟

（秦风）

交交黄鸟①，
止于棘。
谁从穆公②？
子车奄息。
维此奄息，
百夫之特③。
临其穴，
惴惴其慄④。
彼苍者天！
歼我良人⑤。
如可赎兮，
人百其身⑥。

①交交：黄鸟鸣叫声。

②谁从穆公：谁跟从穆公殉葬？

③百夫之特：杰出之意。能敌百人。与下面"百夫之防"、"百夫之御"义同。

④惴惴(zhuì 音坠)：惶恐不安之状。

⑤歼：杀害。良人：指殉葬的三良。

⑥人百其身：大家甘愿豁出百人的性命来抵换三良中之一人。

交交黄鸟，
止于桑。
谁从穆公？
子车仲行。
维此仲行，
百夫之防。
临其穴，
惴惴其慄。
彼苍者天！
歼我良人。
如可赎兮，
人百其身。

交交黄鸟，
止于楚。
谁从穆公？
子车铖虎①。
维此铖虎，
百夫之御。
临其穴，
惴惴其慄。
彼苍者天！
歼我良人。
如可赎兮，
人百其身。

①铖：读 qián。铖虎是人名。

黄 鸟

（黄鸟）

黄鸟叽叽地哀叫着，
落在那灌木丛里。
谁为死去的秦穆公殉葬？
只有那位子车奄息。
这位名叫奄息的臣子，
杰出的武艺百人难敌。
人们走近他的坟坑，
忍不住心里一阵颤栗。
老天，老天！
怎么要让这好的人去死。
如果能把他赎回来呀，
真愿用一百个人换他的身体。

黄鸟叽叽地哀叫着，
落在那桑木树林。
谁为死去的秦穆公殉葬？
还有那位子车仲行。
这位名叫仲行的臣子，
非凡的本事百人难胜。
人们走近他的坟坑，

不由得个个胆战心惊。
老天,老天!
怎么要让这好的人去牺牲。
如果能把他赎回来呀,
真愿用一百个人换他的生命。

黄鸟叽叽地哀叫着,
落在那小树枝头。
谁为死去的秦穆公殉葬?
还有那位子车𫔶虎。
这位名叫𫔶虎的臣子,
百人也难敌他的勇武。
人们走近他的坟坑,
禁不住身上一阵颤抖。
老天,老天!
怎么要让这好的人死去。
如果能把他赎回来呀,
真愿意用一百个人把他保住。

The Golden Oriole Sings *

The golden oriole sings
As it lights on the thorn-bush.
Who has gone with Duke Mu to the grave?
Yanxi of the Ziju clan.
This Yanxi
Was a match for a hundred men.
When we approach the tomb
We shake with dread.
Grey heaven
Slays all our best men!
Could we but ransom him,
There are a hundred who would give their lives.

The golden oriole sings
As it lights on the mulberry.
Who has gone with Duke Mu to the grave?
Zhonghang of the Ziju clan.
This Zhonghang
Could stand up to a hundred men.

---

 * This song laments three men of the Ziju clan who were buried alive
with Duke Mu of Qin after his death in 622 B.C.

When we approach the tomb

We shake with dread.

Grey heaven

Slays all our best men!

Could we but ransom him,

There are a hundred who would give their lives.

The golden oriole sings

As it lights on the brambles.

Who has gone with Duke Mu to the grave?

Qianhu of the Ziju clan.

This Qianhu

Could withstand a hundred men.

When we approach the tomb

We shake with dread.

Grey heaven

Slays all our best men!

Could we but ransom him,

There are a hundred who would give their lives.

无 衣

（秦风）

这是一首讽刺诗。《诗序》说是"刺用兵"之作。一说依据《汉书·赵充国、辛庆传赞》，认为是描写秦兵的同仇敌忾；另一说依据《左传》定公四年的记载：楚申包胥以楚被吴所破，至秦乞兵，秦哀公同意其要求，"为之赋《无衣》"。本书译者认同《诗序》，诗人正话反说，面对人讥秦君穷而好战。

无 衣
（秦风）

岂曰无衣？
与子同袍①。
王于兴师②，
修我戈矛，
与子同仇③！

岂曰无衣？
与子同泽④。
王于兴师，
修我矛戟，
与子偕作⑤！

岂曰无衣？
与子同裳⑥。

诗经

①袍：长衣，斗篷，或叫披风。行军者白天当衣，夜里当被。
②王：指周天子。一说是秦君。"于"是语助词。兴师：发兵打仗。
③修：整治。同仇：同仇敌忾，有共同的敌人。
④泽：袴。一说汗衣。
⑤偕作：一同起来出征作战。作：起。
⑥裳：战裙。

王于兴师，
修我甲兵，
与子偕行①！

①甲:铠甲。兵:兵器的总称。偕行:同往。一起上战场。

无 衣

（无衣）

谁说我们没有穿的？
我和你合穿一件战衣。
既然国王要出兵打仗，
那就整理好我们的武器，
我和你一道共同对敌！

谁说我们没有衣穿？
我和你合穿一件汗衫。
既然国王要出兵打仗，
那就整理好我们的枪剑，
我和你一道并肩作战！

谁说我们没衣遮身？
我和你合穿一条战裙。
既然国王要出兵打仗，
那就整理好我们的甲胄，
我和你一道携手前进！

How Can You Say You Have No Clothes?

How can you say you have no clothes?
I'll share with you my padded robe.
The king's dispatching his troops to battle,
Let's make ready our dagger-axes and spears.
Together with you, I'll fight our common foe.

How can you say you have no clothes?
I'll share with you my undershirt.
The king's dispatching his troops to battle,
Let's make ready our lances and halberds.
Together with you, I'll set off to war.

How can you say you have no clothes?
I'll share with you my humble skirt.
The king's dispatching his troops to battle,
Let's make ready our armour and weapons.
Together with you, I'll march to the front.

隰有苌楚

（桧风）

　　这是一首颓废诗。诗人悲观消沉，看着洼地里的羊桃树生长得那么可爱，觉得思想深刻、无限烦恼的自己还不如山野的植物。另一说是以桃树为喻，讽刺人的徒有其表。《诗序》认为"国人疾其君之淫，恣而思无情欲者也"，属附会。

诗经

隰有苌楚

（桧风）

隰有苌楚，
猗傩其枝①，
夭之沃沃。
乐子之无知②。

隰有苌楚，
猗傩其华③，
夭之沃沃。
乐子之无家。

隰有苌楚，
猗傩其实④，
夭之沃沃。
乐子之无室。

---

①隰(xí 音席)：低湿之地。苌楚：蔓生植物，又名羊桃、猕猴桃。猗
　傩(ē nuó 音婀娜)：形容柔美茂盛。
②夭：少，草木未长成者，生机旺盛之意。沃沃：肥茂有光泽。乐：
　羡慕。无知：无忧虑。
③华：花。
④实：果子。

隰有苌楚
（洼地的羊桃）

潮湿的洼地上长着羊桃，
微风中摇摆着柔软的枝条。
年轻的桃树多么可爱，
真羡慕你不谙世事，没有烦恼。

羊桃长在潮湿的土洼，
树枝上开满了柔美的桃花。
年轻的桃树多么可爱，
真羡慕你无家无室，自由潇洒。

洼地里的羊桃枝青叶茂，
树枝上结满了甜美的鲜桃。
年轻的桃树多么可爱，
真羡慕你无牵无挂，自在逍遥。

注：白话诗名为译者所加。

In the Lowlands Grows the Carambola

In the lowlands grows the carambola,
Tender and graceful are its branches.
So sturdy and beautiful you look,
I'm happy you have no feelings.

In the lowlands grows the carambola,
Tender and graceful are its blossoms.
So sturdy and beautiful you look,
I'm happy you have no home.

In the lowlands grows the carambola,
Tender and graceful is its fruit.
So sturdy and beautiful you look,
I'm happy you have no family.

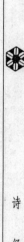

诗经

七 月

（豳风）

　　这是一首四季歌。歌者是一"类似农奴身份的人"，一一描述了西周时期农家一年四季，从正月到腊月的农业生产和生活状况，同时也控诉了贵族和官吏的贪婪和腐败。《诗序》则认为是周公"陈王业"之作。全诗凡八章八十八句，为《国风》中第一长篇。

七 月
（豳风）

七月流火①，
九月授衣②。
一之日觱发③，
二之日栗烈④。
无衣无褐⑤，
何以卒岁！
三之日于耜⑥，
四之日举趾⑦。
同我妇子，

---

①七月：指夏历七月。下文凡说某月均指夏历。流：向下行。火：星名，又称大火，星座名，亦即心宿。秋季黄昏火星渐向西落，就叫流火。

②授衣：把赶制冬衣的工作交给妇女做。

③一之日：指周历一月的日子，十月以后的第一个月，夏历十一月的日子，即夏历十一月。下文的二之日、三之日、四之日可以此推出夏历是十二月、正月、二月。觱(bì 音必)发(bó 音拨)：大风触物之声。

④栗烈：犹言凛冽。

⑤褐(hè 音赫)：粗毛或粗麻织制的衣服。

⑥于：犹"为"，指修理。耜(sì 音似)：一种翻土的农具。

⑦趾：脚，举趾是说举足下田耕种。

馌彼南亩①，
田畯至喜②。

七月流火，
九月授衣。
春日载阳③，
有鸣仓庚④。
女执懿筐⑤，
遵彼微行⑥，
爰求柔桑⑦。
春日迟迟⑧，
采蘩祁祁⑨。
女心伤悲，
殆及公子同归⑩。

七月流火，
八月萑苇⑪。

---

① 馌(yè 音叶)：送饭。南亩：泛指田地。
② 田畯(jùn 音俊)：监工的农官。
③ 载：开始。阳：温暖。
④ 有：发语助词，无义。仓庚：鸟名，就是黄莺。
⑤ 懿(yì 音义)筐：深筐。
⑥ 遵：沿。微行(háng 音航)：小道。
⑦ 爰(yuán 音元)：乃，于是。求：采。柔桑：初生的桑叶。
⑧ 迟迟：缓慢貌。形容昼长。
⑨ 蘩(fán 音凡)：白蒿，祭祀用。祁祁：众多貌。
⑩ 殆：怕，只怕。及：同。公子：国君之子。一说是贵族公子。
⑪ 萑(huán 音环)：一种芦苇。

蚕月条桑①,
取彼斧斨②。
以伐远扬③,
猗彼女桑④。
七月鸣鵙⑤,
八月载绩⑥。
载玄载黄⑦,
我朱孔阳⑧,
为公子裳。

四月秀葽⑨,
五月鸣蜩⑩。
八月其获,
十月陨萚⑪。

---

①蚕月:就是三月。条桑:为桑树剪枝。
②斨(qiāng音枪):斧的一种。柄孔方者为斨,圆者为斧。
③远扬:远伸而扬起的枝条。
④猗:借为掎(yǐ音椅),牵引。女桑:嫩桑。此句为把初生的桑拉
　向一边,用绳系束。
⑤鵙(jú音局):即伯劳。
⑥载:开始。绩:指纺织。
⑦载:则,这里有"又"之意。玄:红黑色。玄和黄二字作动词用,
　谓染成玄和黄的颜色。
⑧朱:大红色。孔:很。阳:指颜色鲜明。
⑨秀:作动词用,指植物结子。葽(yāo腰):草名,即远志。一说可
　能是油菜。
⑩蜩(tiáo音条):蝉。
⑪萚(tuò音拓):草木脱落的叶。

一之日于貉①，
取彼狐狸，
为公子裘②。
二之日其同③，
载缵武功④，
言私其豵⑤，
献豜于公⑥。

五月斯螽动股⑦，
六月莎鸡振羽⑧。
七月在野，
八月在宇。
九月在户，
十月蟋蟀，
入我床下⑨。

---

①于:为,这里指猎取。貉(hé 音河):俗称狗獾。
②取:猎。裘(qiú 音求):皮袄。
③同:聚合。指会合众人去打猎。
④载:则,乃。缵(zuǎn 音纂):继续。武功:指田猎。
⑤私:归私人所有。豵(zōng 音宗):一岁的小猪。这里泛指小兽。
⑥豜(jiān 音坚):三岁的大猪。这里泛指大兽。公:指贵族。
⑦斯螽(zhōng 音终):蚱蜢。股:腿。旧说蝗类以股鸣。动股:跳
　跃。
⑧莎(suō 音梭)鸡:纺织娘。振羽:振动翅羽发声。
⑨宇:屋檐。以上四句的主语都是第四句的蟋蟀。

穹窒熏鼠①，
塞向墐户②。
嗟我妇子，
曰为改岁③，
入此室处④。

六月食郁及薁⑤，
七月亨葵及菽⑥。
八月剥枣⑦，
十月获稻。
为此春酒⑧，
以介眉寿⑨。
七月食瓜，
八月断壶⑩，

---

①穹(qióng 音穷)：空隙。窒(zhì音志)：堵塞。这句是说堵塞有空隙、漏洞之处，熏走耗子。一说穹是穷究，这句是说找尽鼠洞，堵塞它，熏跑老鼠。

②向：朝北的窗。墐(jìn音近)：用泥涂抹。

③曰：发语助词。改岁：指过年。

④处：住。

⑤郁(yù音玉)：李的一种。薁(yù音玉)：即山葡萄。

⑥亨(pēng音烹)：烹。葵：菜名。菽：豆类。

⑦剥(pū音扑)：打。

⑧春酒：冬天酿酒经春始成，故叫春酒，又叫冻醪，因是冻时所酿。

⑨介：助。一说是求。眉寿：长寿，指老人，人老眉上有豪毛叫秀眉。

⑩断：摘下。壶：瓠(hù音户)瓜。

九月叔苴①。
采荼薪樗②，
食我农夫③。

九月筑场圃④，
十月纳禾稼⑤。
黍稷重穋⑥，
禾麻菽麦。
嗟我农夫！
我稼既同⑦，
上入执宫功⑧。
昼尔于茅⑨，
宵尔索綯⑩，
亟其乘屋⑪，
其始播百谷⑫。

———————

①叔：拾取。苴(jū音居)：麻子，可食。
②荼(tú音途)：苦菜。薪：采柴禾。樗(chū音初)：臭椿树。
③食(sì音似)：养活。
④场圃：打谷场地。
⑤纳：把粮食入仓。
⑥重穋(zhǒng lù音肿陆)：即"种穋"。先种后熟的谷称种，后种先
　熟的谷称穋。
⑦同：集中。
⑧上：指公家。执：指服差役。宫功：指修建宫室。
⑨尔：语助词。于：取。茅：茅草。
⑩索：搓制绳索。綯(táo音桃)：绳索。
⑪亟：急。乘：登。一说复盖。乘屋，是上房修理屋顶。
⑫其始：指岁始，年初。

二之日凿冰冲冲①，
三之日纳于凌阴②。
四之日其蚤③，
献羔祭韭④。
九月肃霜⑤，
十月涤场。
朋酒斯飨⑥，
曰杀羔羊。
跻彼公堂⑦，
称彼兕觥⑧，
"万寿无疆"！

---

①冲冲：凿冰声。

②凌阴：冰窖。"阴"即"窨"。

③蚤：借为早，是一种祭祀仪式。

④献羔祭韭：献以羔羊，祭以韭菜。

⑤肃霜：犹言下霜。一说肃霜犹肃爽，指秋高气爽。

⑥朋酒：两樽酒。斯：语助词，指朋酒。飨(xiǎng 音响)：以酒食款
　待人。

⑦跻(jī音讯)：登。公堂：当时乡村的公共场所名。

⑧称：端举。兕(sì 音似)觥(gōng 音工)：形如兕牛的酒器。一说
　是犀牛角做的酒器。

七 月

（七月）

七月里火星向西移行，
九月里把冬衣交人剪缝。
冬月里大风满天呼啸，
腊月里天气更加寒冷。
百姓连粗衣麻衫都没有一件，
怎么能度过这个严冬！
正月里开始修理翻田的犁耙，
二月里就动脚下地耕种。
带着我的妻子孩儿，
把饭送到南边的田垄，
等监农官儿来了一起食用。

七月里火星向西沉落，
九月里把冬衣交人制做。
初春的天气开始温暖，
树上的黄鹂儿喳喳地叫着。
姑娘们端着高高的竹筐，
走在林间的小路上，
她们去采柔嫩的桑叶。
春天的日子悠悠地过去，

煮汁浇蚕的白蒿已采了很多。
姑娘的心里一阵悲哀，
只怕被贵族公子全部带走。

七月里火星移向西方，
八月里芦苇一片苍茫。
三月里来为桑树修剪枝条，
取出那斧头握在手上。
斩断长长翘翘的乱枝，
牵出被覆盖的根根嫩桑。
七月里听见伯劳鸟叫，
八月里开始把麻布织纺。
染织的丝麻有黄有黑，
我染的红丝特别鲜亮，
专给贵族公子缝制衣裳。

四月里远志草开始结子，
五月里知了在树上叫个不息。
八月里去收割地里的庄稼，
十月里树叶儿飘飘落地。
冬月里上山去打狗獾，
还要猎取那美丽的狐狸，
为贵族公子缝制皮衣。
腊月里大家聚会在一起，
继续训练打猎的武艺，
打到的小野物留给自己，

为贵族公子献上大的。

五月里蚱蜢蹬着腿儿，
六月里纺织娘翅儿抖索。
七月里它们在野外蹦达，
八月里转移到房檐下的墙角。
九月里天冷又躲进屋里，
十月里那些蟋蟀们呀，
全都藏进了我的床脚。
堵住墙洞来熏老鼠，
北面的窗户用泥巴糊着。
可叹我的妻子和孩儿，
马上就要过大年了，
住的房子却这样破落。

六月里吃的是山楂和野葡萄，
七月里煮的是葵菜和豆角。
八月里上山打枣，
十月里下田割稻。
用这酿成冻醪春酒，
喝了它以求眉长寿高。
七月里地里采瓜，
八月里棚下摘葫芦，
九月里去把麻籽儿寻找。
臭椿树做柴煮着采来的苦菜，
我们种田汉的肚子靠这个喂饱。

九月里筑平打谷的场院，
十月里把庄稼往家里搬。
高粱玉米稻子五谷，
芝麻豆麦杂粮俱全。
真可叹我们这些种田汉！
我家的庄稼刚刚收好，
官家又派人修建宫殿。
白天去割茅草，
晚上搓制绳缆。
急急忙忙修好了房顶，
开春又得回家撒种播田。

腊月里嗵嗵凿冰忙，
正月里把冰块往窖里储藏。
二月里祭祀神灵，
敬上韭菜献上羔羊。
九月里秋高霜凉，
十月里清扫稻场。
搬出两樽好酒请客，
还要宰一只小羊羔儿，
顶着它登上那大人的公堂。
举起牛形的酒杯，
嘴里喊一声"万寿无疆"！

In the Seventh Month

In the seventh month Antares sinks in the west,

In the ninth, cloth is handed out for making clothes,

In the eleventh month the wind blows keen,

In the twelfth the weather turns cold;

But without a coat, with nothing warm to wear,

How can we get through the year?

In the first month mend the ploughs,

In the second go out to work

With wives and young ones,

Taking food to the southern fields

To please the overseer.

In the seventh month Antares sinks in the west,

In the ninth, cloth is handed out for making clothes;

As the spring grows warm

And the oriole sings,

The girls taking deep baskets

Go along the small paths

To gather tender mulberry leaves;

As the spring days lengthen

They pluck artemisia by the armful;

But their hearts are not at ease

Lest they be carried off by the lord's son.

In the seventh month Antares sinks in the west,
In the eighth, we gather rushes,
In the third, we prune the mulberry,
Taking chopper and bill
To lop off the long branches
And bind up the tender leaves.
In the seventh month the shrike cries,
In the eighth, we twist thread,
Black and yellow;
I use a bright red dye
To colour a garment for the lord's son.

In the fourth month the milkwort is in spike,
In the fifth, the cicada cries;
In the eighth, the harvest is gathered,
In the tenth, down come the leaves;
In the eleventh we make offerings before the chase,
We hunt wildcats and foxes
For furs for our lord.
In the twelfth month the hunters meet
And drill for war;
The smaller boars we keep,
The larger ones we offer to our lord.

In the fifth month the locust moves its legs,
In the sixth, the grasshopper shakes its wings.

In the seventh, the cricket is in the fields,

In the eighth, it moves under the eaves,

In the ninth, to the door,

And in the tenth under the bed.

We clear the corners to smoke out rats,

Paste up north windows and plaster the door with mud.

Come, wife and children,

The turn of the year is at hand,

Let us move inside.

In the sixth month we eat wild plums and cherries,

In the seventh we boil mallows and beans,

In the eighth we beat down dates,

In the tenth we boil rice

To brew wine for the spring,

A cordial for the old.

In the seventh month we eat melon,

In the eighth cut the gourds,

In the ninth take the seeding hemp,

Pick lettuce and cut the ailanthus for firewood,

To give our husbandmen food.

In the ninth month we repair the threshing-floor,

In the tenth we bring in the harvest,

Millet and sorghum, early and late,

Paddy and hemp, beans and wheat.

There is no rest for farm folk:

Once harvesting is done

We are sent to work in the lord's house;
By day we gather reeds for thatch,
After dusk twist rope,
Then hurry to mend the roofs,
For it is time to sow the many grains.

In the twelfth month we chisel and hew the ice,
In the first, store it away inside cold sheds,
In the second it is brought out
For the sacrifice with lambs and garlic;
In the ninth month the weather is chill,
In the tenth, we sweep and clear the threshing-floor;
With twin pitchers we start the feast,
Killing a young lamb,
Then go up to the hall
And raise the cup of buffalo horn —
"May our lord live for ever and ever!"

鸱 鸮

（豳风）

　　这是一首谴责诗。把坏人喻为猫头鹰，以鸟的口吻诉说自己痛失爱子，又将毁巢的悲惨遭遇。《诗序》："《鸱鸮》，周公救难也。成王未知周公之志，公乃为诗以遗王，名之曰《鸱鸮》焉。"陆玑《毛诗草木鸟兽虫鱼疏》："鸱鸮，似黄雀而小，其喙尖如锥，取茅莠为巢，以麻绁之，如刺袜然，悬著树枝。"

鸱 鸮
（豳风）

鸱鸮鸱鸮①，
既取我子②，
无毁我室。
恩斯勤斯③，
鬻子之闵斯④。

迨天之未阴雨⑤，
彻彼桑土⑥，
绸缪牖户⑦。
今女下民，
或敢侮予？

---

①鸱鸮(chī xiāo 音吃消)：猫头鹰。民间认为是恶鸟，比喻坏人。
②取：夺取。
③恩斯勤斯：恩爱、笃厚。恩勤：犹殷勤。斯：在此是助词。
④鬻(yù 音玉)："育"的借字。育子指孵雏。闵(mǐn 音敏)：怜悯。
　一说是病。
⑤迨(dài 音代)：及、趁着。
⑥彻：取。桑土：指桑根。土：通"杜"。
⑦绸缪：是缠绕之意。牖(yǒu 音友)：窗。

予手拮据①，
予所捋荼②，
予所蓄租③，
予口卒瘏④，
曰予未有室家。

予羽谯谯⑤，
予尾翛翛⑥。
予室翘翘⑦，
风雨所漂摇，
予维音哓哓⑧。

---

①拮据：在此，指手口并用，劳作不息。手累不灵活。
②所：犹尚。捋(luō音啰)荼：采集荼茅。
③蓄租：积聚。
④瘏(tú音途)：病苦。
⑤谯谯(qiáo音桥)：憔悴，不丰满。
⑥翛翛(xiāo音消)：干枯萎缩的样子。
⑦翘翘(qiáo音乔)：高而危险的样子。
⑧哓哓(xiāo音消)：惊恐而凄苦的叫声。

鸱　鸮
（猫头鹰）

猫头鹰,猫头鹰,
既然夺去了我的儿子,
就不要把我的巢也毁去。
我一辈子劳累辛苦,
可怜就是为了把儿子养育。

趁着还没天阴下雨,
去寻取一些桑根树皮,
来把破烂的门洞修理。
你们这些树下的人,
也许还会来把我欺。

我的双手已累得发麻,
我还要去采集筑巢的茅花,
我并且还要储存下吃食,
我为此已经磨坏了嘴巴,
可我还是没建好家。

我的翅膀已经憔悴,
我的尾巴已经枯萎,

我的巢儿已经摇摇欲坠，
在风里晃着雨里浇着，
我的叫声凄凉伤悲。

注：白话诗名为译者所加。

Owl

Owl, oh owl!
You've taken away my fledglings,
Please don't destroy my nest.
With such love and pains,
I toiled to hatch the young ones.

Before the spell of wet weather,
I stripped some bits off the mulberry's roots
To mend my nest, window and door.
But the people down below,
Will perhaps dare to bully me.

I worked extremely hard,
Going to and fro to gather reed catkins
Which I kept storing up.
And my beak was sore and weary,
Yet still I have no house of my own.

My feathers are torn and sparse,
My tail has lost its gloss.
My nest's swaying and tottering,
At the mercy of wind and rain.
And in alarm I can't help crying.

东 山

（豳风）

　　这是一首思乡诗。远征的战士终于回乡，一路归心似箭，思念着勤苦守候的妻子，想像着荒凉破落的家院，回忆着当年新婚的甜蜜，猜测着久别重逢的悲欢。《诗序》认为是反映周公东征归来的诗，作者为西周大夫，朱熹认为是周公，多人另说是久戍而归的战士之作，并与周公东征无关。

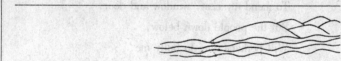

东 山
（豳风）

我徂东山①，
慆慆不归②。
我来自东，
零雨其濛。
我东曰归，
我心西悲。
制彼裳衣，
勿士行枚③。
蜎蜎者蠋，
烝在桑野④。
敦彼独宿⑤，
亦在车下。

---

①徂(cú 音殂)：往。到。

②慆慆(tāo 音滔)：是久远之意。

③裳衣：下裳和上衣。古代男子的服装是上衣下裳，但戎服不分
衣裳。行枚：指古代行军时，口衔木棍，以禁喧哗。引申为军旅
之事。

④蜎蜎(yuān 音冤)：昆虫蜷曲的样子。蠋(zhú 音烛)：指桑蚕。烝
(zhēng 音争)：久。

⑤敦：团，连下句是说在车下独宿的人身体蜷曲成一团。

我徂东山，
慆慆不归。
我来自东，
零雨其濛。
果蠃之实①，
亦施于宇②。
伊威在室③，
蠨蛸在户④。
町畽鹿场⑤，
熠燿宵行⑥。
不可畏也？
伊可怀也。

我徂东山，
慆慆不归。
我来自东，
零雨其濛。
鹳鸣于垤⑦，
妇叹于室。
洒扫穹窒⑧，

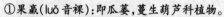

①果蠃(luǒ 音裸)：即瓜蒌，蔓生葫芦科植物。
②施：蔓延之意。宇：屋檐。
③伊威：潮虫。一说土鳖。
④蠨蛸(xiāo shāo 音消梢)：一种长脚小蜘蛛。
⑤町畽(tǐng tuǎn 音挺疃)：院旁空地。
⑥熠燿(yì yào 音意要)：光芒闪闪的样子。宵行：指燐火或萤虫。
⑦鹳(guàn 音贯)：水鸟名，似鹤。垤(dié 音迭)：小土丘。
⑧穹窒(qióng zhì 音穷至)：即窒。堵塞鼠洞。

我征聿至①。
有敦瓜苦②，
烝在栗薪③。
自我不见，
于今三年。

我徂东山，
慆慆不归。
我来自东，
零雨其濛。
仓庚于飞，
熠燿其羽。
之子于归，
皇驳其马④。
亲结其缡⑤，
九十其仪⑥。
其新孔嘉⑦，
其旧如之何⑧？

---

①聿：语助词，同"曰"。聿和曰都有将意。
②有敦瓜苦：悬挂着的瓠瓜。古人结婚行合卺之礼，一瓠分作两瓢，夫妇各执一瓢盛酒漱口。有敦：敦敦，圆圆团团貌。
③栗薪：就是聚薪。古时婚礼，将柴薪放在屋旁。
④仓庚：黄鹂。皇驳：黄白相间的颜色。
⑤缡(lí音离)：古代女子的佩巾。古时嫁女，母亲亲佩其缡。
⑥仪：礼仪。九十其仪：指结婚的礼节繁多。
⑦其新孔嘉：新婚时很好。孔：很。
⑧其旧：旧犹久。时历数年，久别重逢，将是怎样呢？

东 山

（东山）

自从我当兵来到东山，
已经很久没回故乡。
今天我从东山回来，
满天的小雨迷迷茫茫。
我听说要告别东山回到家里，
禁不住望着西边心里感伤。
脱去军装，缝制一套还乡的衣裤，
不再把行军的木哨衔在嘴上。
路边的蚕虫蜷着身子，
伏在野外的桑上凄凄凉凉。
孤独的汉子缩成一团，
爬在车底以此为床。

自从我当兵来到东山，
已经很久没回故乡。
今天我从东山回来，
满天的小雨迷迷茫茫。
家里的瓜藤上结着蒌瓜，
藤梢儿长长地蔓上了房墙。
土鳖在屋里悠悠地爬着，

蜘蛛高高地吊在窗上。
马鹿跑到院旁的空地，
萤火虫闪着绿色的光芒。
这样的情景难道不可怕吗？
可是我实在把它怀想。

自从我当兵来到东山，
已经很久没回故乡。
今天我从东山回来，
满天的小雨迷迷茫茫。
鹳鸟在土丘上哀哀地叫着，
妻子的叹气声传出门窗。
她一定又在洒水扫地堵塞鼠洞，
不知道我已经回到了村旁。
远远地看见几条瓠瓜，
吊在一堆栗木柴上。
算起来我离乡不见家人，
距今已有三年的时光。

自从我当兵来到东山，
已经很久没回故乡。
今天我从东山回来，
满天的小雨迷迷茫茫。
黄鹂在天上忙忙地飞着，
阳光下扇动着闪亮的翅膀。

马上就要进家和妻子团聚，
想起当年骑着花马迎娶新娘。
我亲手解开她结下的佩巾，
一道道礼节真够繁忙。
新婚的时候是那般的美好，
不知久别重逢又会怎样？

The Eastern Hills

I was sent to the eastern hills,
Long, long was I away;
Now, as I return from the east,
A light, fine rain is falling.
On my way from the east,
My heart yearns for the west;
I shall make myself farmer's clothing,
May I never go to war again!
Wild silkworms twist and turn
Long days on the mulberry bush;
And I curled up to sleep alone
Beneath my cart.

I was sent to the eastern hills,
Long, long was I away;
Now, as I return from the east,
A light, fine rain is falling.
Perhaps the bryony vine
Will have clambered over my eaves,
I'll find woodlice in my room,
And cobwebs across the door,
Deer-tracks in the paddock

And the glimmer of will-o'-the-wisps.
A sorry sight —
But how I long to see it!

I was sent to the eastern hills,
Long, long was I away;
Now, as I return from the east,
A light, fine rain is falling.
A stork is crying on the mound,
My wife sighs in her cottage;
Let all the corners be sprinkled and swept,
I am coming back from the wars!
That round gourd,
Long ago left on the wood-pile,
Three years have gone by
Since last I saw it!

I was sent to the eastern hills,
Long, long was I away;
Now, as I return from the east,
A light, fine rain is falling.
When the oriole takes flight,
Its wings glint;
When my bride came to my house,
Her horses were bay and white, sorrel and white;
Her mother tied the wedding sash for her;
There was no end to the rites.
To be newly married was bliss;
How will it be, after these years, to meet again?

采 薇
（小雅）

　　这是一首思乡诗。士兵久守边疆，思念家乡。有一天终于可以如愿以偿了，满天大雪却覆盖了回家的道路。反映了北狄的侵扰给人民生活带来的痛苦。《鲁诗》和《齐诗》皆说是周懿王时的诗，《诗序》则说是文王派遣戍卒时所唱的乐歌。另有二说，一为文王之父季历时的诗，一为周宣王时的诗。

采 薇
（小雅）

采薇采薇①，
薇亦作止②。
曰归曰归③，
岁亦莫止④。
靡室靡家⑤，
狁之故⑥。
不遑启居⑦，
狁之故。

采薇采薇，
薇亦柔止⑧。
曰归曰归，

①薇：野菜名。嫩苗可以吃。
②作：起，生出。指薇菜刚刚伸出地表。
③曰：有"将"意。归：回故乡，这是士兵思乡之词。
④岁亦莫止：已经临近年底了。莫：古"暮"字。
⑤靡室靡家：无室无家。
⑥狁(xiǎn yǔn音显允)：古称北狄、匈奴。故：原因。
⑦不遑启居：无暇过安居的生活。启：小跪。居：安坐。古人坐和
　跪都是两膝着席，坐时臀部和脚跟接触，跪时将腰伸直。
⑧柔止：指嫩苗生长，说明时序更迭，征战已久。

心亦忧止①。
忧心烈烈②,
载饥载渴③。
我戍未定④,
靡使归聘⑤!

采薇采薇,
薇亦刚止⑥。
曰归曰归,
岁亦阳止⑦。
王事靡盬⑧,
不遑启处。
忧心孔疚⑨,
我行不来⑩!

彼尔维何⑪?

①忧止:因归期将晚而忧虑。
②烈烈:心如火烧。
③载饥载渴:又饥又渴。
④我戍未定:征戍之事未完。
⑤靡使归聘:无法与家人通消息。靡:不能。聘:问。
⑥薇亦刚止:薇菜的茎叶已由柔嫩变为坚硬了。刚:坚硬。
⑦阳:十月为阳。
⑧王事靡盬:指周王朝派遣的各种差役没有止息。
⑨孔疚:非常痛苦。
⑩来:读"勑",慰问。一说至,归。
⑪尔:花朵盛开之状。全句意为:那盛开的是什么花?

维常之华①。
彼路斯何②?
君子之车③。
戎车既驾,
四牡业业④。
岂敢定居?
一月三捷⑤。

驾彼四牡,
四牡骙骙⑥。
君子所依,
小人所腓⑦。
四牡翼翼⑧,
象弭鱼服⑨。
岂不日戒⑩?
狁孔棘⑪!

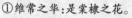

①维常之华:是棠棣之花。
②路:即"辂"字。泛指大车。
③君子:指军中将帅。
④四牡业业:驾车的四匹公马高大强壮。
⑤捷:抄小路,三捷,几次调动。
⑥骙骙(kuí 音奎):马行威仪貌。
⑦腓(féi 音肥):掩蔽。庇护。小人:指士兵。
⑧翼翼:整齐貌。
⑨象弭鱼服:以牙骨镶弓梢,以鲨鱼皮制箭袋。
⑩日戒:日日警戒。戒:警惕。
⑪孔棘:甚急。

昔我往矣，
杨柳依依①。
今我来思，
雨雪霏霏②。
行道迟迟③，
载渴载饥。
我心伤悲，
莫知我哀！

①杨柳：《毛传》："蒲柳也。"或指一般杨柳。依依：杨柳随风飘拂
　的样子。
②雨雪：落雪。霏霏(fēi 音非)：霰雪纷纷飘落之状。
③行道：道路。征途。迟迟：形容道路悠远。

采 薇

（采蕨菜）

采蕨菜,采蕨菜,
蕨菜芽刚刚冒出地皮。
回家呀,回家呀,
眼看一年又到了年底。
我有家难回有乡远离,
这都是因为北方狄族的侵袭。
就连坐会儿的闲暇都没有,
这都是因为猖獗的北狄。

采蕨菜,采蕨菜,
长出的蕨苗多么嫩柔。
回家呀,回家呀,
想家的心里充满忧愁。
满心的忧愁如火在燃烧,
口干腹饿实在是难受。
我驻守的边地不能确定,
无法和家里通信问候。

采蕨菜,采蕨菜,
柔嫩的蕨苗开始硬壮。

回家呀,回家呀,
第二年的十月又转眼来临。
为国王打仗的日子无休无止,
没有时间在家里安静。
我的心里是多么痛苦,
又有谁来把我慰问!

什么花那样茂密繁华?
那是棠棣开放的花。
什么车那样威风雄奇?
那是军中将帅的车马。
战车已经起驾上路,
驾车的四匹公马那样高大。
怎敢想长驻在一个地方?
一个月至少三次要把营拔。

驾车的是那公马四匹,
四匹公马是多么神气。
领军的将帅坐在车上,
步行的士兵在车后掩蔽。
四匹公马装备齐整,
象牙嵌的箭弓,鲨皮制的箭具。
怎能不天天提高着警惕?
北狄的进攻是那样紧急!

想起以往我走的时光，
青青杨柳随风飘荡。
今天当我要回到家乡，
大雪飘飘落在地上。
回乡的道路是那样遥远，
口干难耐,饿断饥肠。
我的心里是多么难过，
可是谁能理解我的悲伤!

注:白话诗名为译者所加。

We Gather Vetch

We gather vetch, gather vetch,

While the young shoots are springing;

Oh, to go back, go back;

But the year is ending.

We have no house, no home,

Because of the Huns.

We cannot sit or take rest,

Because of the Huns.

We gather vetch, gather vetch,

While the shoots are tender;

Oh, to go back, go back;

Our hearts are sad.

Our sad hearts burn,

And we hunger and thirst;

But our garrison duty drags on,

And no messenger goes to take news home.

We gather vetch, gather vetch,

But the shoots are tough;

Oh, to go back, go back;

The tenth month is here again,

But the king's business is unending;

We cannot sit or take rest;

Our sad hearts are racked with pain,

And no one comes to comfort us on our march.

What splendid blossom is that?

It is the blossom of the cherry tree.

What great chariot is that?

It is the chariot of a nobleman.

His war-chariot stands ready yoked

With four proud stallions;

How can we settle in one place?

We march to three different posts in a month.

The four stallions are yoked

To make a sturdy team;

The noblemen ride in the chariot,

We take cover behind;

Four stately stallions,

Ivory bow-ends and a fish-skin quiver;

Every day we must be on our guard,

We are hard-pressed by the Huns.

When we left home
The willows were softly swaying;
Now as we turn back
Snowflakes fly.
Our road is a long one
And we thirst and hunger,
Our hearts are filled with sorrow;
But who knows our misery?

巷 伯

（小雅）

　　这是一首悲愤诗。作者憎恶那些到处造谣惑众，拨弄是非的小人，警告他长此下去，害人终会害己。《诗序》以为是刺幽王，说："寺人伤于谗，故作是诗也。"诗人自称孟子，当为贵族，因被谗而受官刑，愤而作此。巷伯，春秋时宫中内官名，以阉人为之。

巷 伯
（小雅）

萋兮斐兮①，
成是贝锦②。
彼谮人者，
亦已大甚③！

哆兮侈兮④，
成是南箕⑤。
彼谮人者，
谁适与谋⑥？

缉缉翩翩⑦，
谋欲谮人。

---

①萋、斐：文章相错貌。

②贝锦：贝壳之花纹似锦。古人珍视贝壳，用为锦图。

③二句：那些以谮言害人者，也坏得太过分了。

④哆(chǐ 音尺)：张口貌。侈：大。

⑤南箕：南天上的箕星，共四星，像簸箕。古人认为箕星主口舌，
故以此比谮者。

⑥谁适与谋：言其诡谲奸诈，难知共谋者。适(dí 音敌)：专主。与：助。

⑦缉缉翩翩：众口交谮声。谮言工巧貌。

慎尔言也，
谓尔不信。

捷捷幡幡①，
谋欲譖言。
岂不尔受？
既其女迁②。

骄人好好③，
劳人草草④。
苍天苍天！
视彼骄人，
矜此劳人⑤。

彼譖人者，
谁适与谋？
取彼譖人，
投畀豺虎⑥！
豺虎不食，
投畀有北⑦！

---

①捷捷幡幡：善以花言巧语取媚于人。
②既：既而，不久，终于。女：汝。迁：避去。
③骄人：指谗者为骄横之人。好好：喜悦。
④劳人草草：遭谗者非常悲伤苦闷。
⑤两句：告苍天，视察那骄纵的谗者之罪孽。
⑥取：捕获；俘获。畀（bì 音闭）：给与，付与。
⑦有北：指北方的大漠。

有北不受，
投畀有昊①！

杨园之道，
猗于亩丘②。
寺人孟子③，
作为此诗。
凡百君子④，
敬而听之⑤。

---

①有昊：昊天，苍天。

②猗(yǐ音倚)：依托。

③寺人：阉官名，宫中侍御小臣。孟子：寺人之名。

④凡百君子：执政者。凡百：诸多。

⑤敬而听之：警惕地听着。

巷 伯

（阉官）

丝儿直啊，线儿横啊，
在锦上织出贝壳的花纹。
那个造谣害人的家伙，
实在坏得有些过分！

张着嘴啊，咧着唇啊，
像个拨弄是非的簸箕星。
那个造谣害人的家伙，
到底谁是你的同人？

叽叽喳喳，窜出窜进，
一心想的是造谣害人。
劝你以后说话要注意，
总有一天人们再不会相信。

尖嘴尖舌，跑上跑下，
一心编造着造谣的话。
你这样就不怕自作自受？
过不久反倒会害了自家。

诗

经

骄横的人得意忘形，
劳苦的人整天愁闷。
老天，老天！
睁眼看看那些狂妄之徒，
可怜可怜劳动的人民。

那个妖言惑众的恶魔，
到底谁是你的同伙？
我要把你这个造谣人抓住，
扔给豺狼和老虎啃嚼！
老虎豺狼不愿吃你，
扔给北极的荒漠！
北极荒漠也不肯要，
扔给老天让它发落！

低下之地的小路，
可以托加在高地上面。
我是宫里的阉官孟子，
特此作了以上诗篇。
奉劝诸位君子大人，
要认真地听从我的良言。

注：白话诗名为译者所加。

Silks, Oh So Bright

Silks, oh so bright,
Make up this shell-embroidery.
Those slanderers
Have really gone too far!

Their mouths, agape,
Make up the Southern Fan.*
Those slanderers —
Who are their counsellors?

Whispering gossip,
They plot to slander men.
Be careful what you say!
The day will come when nobody believes you.

With ready tongues
They plot to make up lies.
Though some are taken in,
One day they will turn against you.

---

* The Southern Fan was another name for the Winnowing Fan, a constellation in the sky.

The proud are gloating,
Toilers' hearts are sad.
Ah, Heaven, grey Heaven,
Take note of those proud men,
Have pity on the toilers.

Those slanderers —
Who are their counsellors?
Let us seize those rumour-mongers
And throw them to wolves and tigers!
If no wolves or tigers will eat them,
Let us send them to the Far North;
If the Far North will not accept them,
Let us give them to Old Man Heaven.

The road to Willow Garden
Is by Mu Hill;
There lives the eunuch Mengzi
Who made this song.
May all gentlemen, whosoever they be,
Listen to it with attention!

大　东

（小雅）

　　这是一首谴责诗。东方各诸侯国的百姓怨恨西周王室搜刮财富,把东西两方人民的贱贵进行比较,以簸箕星来比喻西周的贪婪。此诗相传为谭国大夫所作,谭为当时东方的诸侯国。"大东"犹言"远东"。《诗说》:"小东大东,言东国之远近也。"另一说"大东"是指平王时东迁洛邑,非指诸侯国家。

大 东

（小雅）

有饛簋飧①，
有捄棘匕②。
周道如砥，
其直如矢③；
君子所履，
小人所视④。
睠言顾之⑤，
潸焉出涕⑥。

小东大东⑦，
杼柚其空⑧。
纠纠葛屦，

---

①有饛簋飧：意为食器，满盛着食物。
②捄（qiú 音求）：兽角弯曲貌。棘匕：以酸枣木制的羹匙。
③周道二句：以砥、矢形容周道又平又直。
④君子二句：君子指西周贵族。小人指东方诸侯国的人民。
⑤睠言顾之：眷恋地回顾。
⑥潸焉出涕：流泪的样子。
⑦小东大东：指东方大小诸国。
⑧杼柚其空：此句言东人织布机上的布帛都被西人统治者搜刮一空。

可以履霜①？
佻佻公子②，
行彼周行③。
既往既来，
使我心疚④。

有冽氿泉⑤，
无浸获薪⑥。
契契寤叹⑦，
哀我惮人⑧。
薪是获薪，
尚可载也。
哀我惮人，
亦可息也。

东人之子，
职劳不来⑨。

①纠纠二句：穿着纠纠结结的草鞋，怎能再从霜雪地上走呢？
②佻佻：指安逸、轻薄之状。
③行彼周行：在那周道上来往行走。
④既往二句：言"公子"乘着大车往来驰骋于周道之上，搜刮民财，
　使我内心痛楚不已。
⑤氿泉：自旁侧流出的泉水。
⑥无浸获薪：不要浸湿已砍下的柴薪。
⑦契契：忧苦貌。寤叹：不寐而叹。
⑧惮人：疲病之人。
⑨职劳不来：只受尽劳瘁而无人慰劳。

西人之子①，
粲粲衣服②。
舟人之子③，
熊罴是裘④。
私人之子，
百僚是试⑤。

或以其酒，
不以其浆⑥。
鞙鞙佩璲，
不以其长⑦。
维天有汉⑧，
监亦有光⑨。
跂彼织女⑩，
终日七襄⑪。

---

①西人之子：即指"公子"，西方周人之统治者。

②粲粲：鲜明华丽。

③舟人之子：舟作周，犹西人之子。一说为船夫。

④熊罴是裘：言以熊罴为狩猎所求取的对象。

⑤私人二句：指私家奴隶，差仆都能像官儿一样。

⑥或以二句：有的人喝那美酒，有的人却连薄酒也喝不上。

⑦鞙鞙二句：有的人佩用极贵重的宝玉之佩，有的人却连不值钱的杂玉长佩都用不上。

⑧汉：银河，又称河汉。

⑨监：同"鉴"。

⑩跂（qí音其）：指织女三星分歧成三角状。

⑪终日七襄：终日七易其位。意为早晚忙碌。

虽则七襄，
不成报章①。
睆彼牵牛，
不以服箱②。
东有启明，
西有长庚③。
有捄天毕④，
载施之行⑤。

维南有箕，
不可以簸扬⑥。
维北有斗，
不可以挹酒浆⑦。
维南有箕，
载翕其舌⑧。
维北有斗，
西柄之揭⑨。

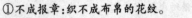

①不成报章：织不成布帛的花纹。
②睆（huǎn 音缓）：视。牵牛：星宿名。不以服箱：不能用来驾车。
③东有二句：启明、长庚实为一星，即金星。
④有捄天毕：指天毕星的柄又弯又长，如捕兔之毕网。
⑤载施之行：即使张毕网于道路之上，也捕不到禽兽。
⑥维南有箕：南方天空有箕星。不可以簸扬：不能用来簸米扬糠。
⑦维北有斗：指箕星之北有南斗星。挹（yì 音义）：引取。舀取。
⑧翕（xī 音吸）：同"吸"。形容箕星口大，若吞噬之状。
⑨揭：高举。似举起长柄向东人榨取。

大 东
（东方国民）

食盒里的饭菜盛得满满，
枣木制的刀匙长把儿弯弯。
平坦的周道宛如磨石，
直而又长好像箭杆。
贵人们在路上大步行走，
老百姓只配看它一眼。
扭过头去羡慕地回顾，
伤心的泪水打湿了眼帘。

东方之国,大邦小邦,
织机上的布匹都被人搜光。
百姓只穿着打结的草鞋,
怎能够走过冬日的寒霜?
风流倜傥的公子贵人,
潇洒地行走在那周道上。
一帮走了,一帮又来,
这使我触景生情无限感伤。

山边流来的泉水多么清冷,
不要浸湿我割下的柴捆。

难眠的夜晚凄然长叹，
可怜我们这些疲病的百姓。
这些柴本是我割下来的，
还能坐上大车往家里运。
我疲病的百姓这样可怜，
终年劳累也该歇一歇身。

东方之国的百姓，
只受劳累而没人来慰问。
住在西京的贵人，
身上的衣裳却华丽鲜明。
连江边船户的子弟，
穿的皮衣都是熊罴制成。
连给私家当差的奴才，
也能够当上官人。

有人喝着珍贵的美酒，
有人却难以喝到水浆。
有人佩着精致的宝玉，
有人连粗长的杂佩也不能佩上。
天上那条长长的银河，
像镜子一样明光照亮。
那银河边忙碌的织女星，
一天要移动七个地方。

虽说要移动七个地方，
却织不出什么锦绣文章。
看那银河边的牵牛星，
也不能驾车把布匹儿装。
启明星高高地悬在东天，
长庚星在西天闪闪发光。
把儿又弯又长的是天毕星，
撒在路上像一张无用的小网。

簸箕星挂在南边天上，
却不能用它来簸米去糠。
南斗星恰巧生在北边，
也不能用它来装酒舀浆。
挂在南边的簸箕星，
咧着可怕的大嘴一张。
生在北边的南斗星，
高举着长柄指着西方。

注：白话诗名为译者所加。

The Eastern States*

Vessels are brimming with food,
And spoons have long, curved handles;
Smooth as a grindstone is the royal road
And straight as an arrow;
Noblemen walk on that road;
Humble folk can only look at it
Longingly I turn to gaze at it;
My tears flow in a flood.

In the eastern states far and near,
Shuttles and spools are bare.
Wearing close-woven slippers
Which keep out the winter frost,
The handsome sons of nobles
Stride down the royal highway;
They pass to and fro,
And the sight sickens me.

---

* Contrasting his life with that of the people of Zhou, a man of the subordinate eastern states criticizes the central Zhou government. He refers to stars which do not live up to their names, to show the falsity and absurdity of the times.

Cold water flowing from springs.
Do not soak our firewood!
I sigh bitterly,
Worn out and wretched.
Fuel for the stove
Can be carted away,
But for me, worn out and wretched,
Is there no rest?

The men of the east
Toil hard and get no comfort,
While the men of the west
Are splendidly arrayed;
The sons of their boatmen
Wear bearskins,
The sons of retainers
Serve as officials.

Some men have wine,
Others not even the lees;
Some men have round jade pendants,
Others not even the strings.
In heaven there is a Milky Way,
A mirror which can only shine;
There the Weaving Maid, her legs astride
Moves seven times in one day.

But though seven times she moves,
Not one pattern does she weave.
Bright shines the Ox,
But it cannot be yoked to a cart;
In the east is the Morning Star,
And the Evening Star in the west,
The net with the curved handle in the sky
Is set on a public highway.

In the south there is a Winnowing Fan,
But it cannot be used to sift grain;
In the north there is a Dipper,
But it cannot ladle wine.
The Winnowing Fan in the south
Only sucks its tongue;
The Dipper in the north
Has a high handle pointing west.

北 山
（小雅）

　　这是一首牢骚诗。作者埋怨他的上司待人不公，同在一片天下，同为君王臣民，但却忙的忙死，干尽苦活；闲的闲死，饮酒作乐。《诗序》："大夫刺幽王也。役使不均，己劳于从事，而不得养其父母焉。"但根据诗中自述，作者是士而不是大夫。

北 山
（小雅）

陟彼北山，
言采其杞①。
偕偕士子②，
朝夕从事。
王事靡盬③，
忧我父母。

溥天之下，
莫非王土④。
率土之滨，
莫非王臣⑤。
大夫不均⑥，
我从事独贤⑦。

---

①陟：登。杞：枸杞树。

②偕偕：强壮貌。

③盬：停止。

④溥天二句：整个天下无处不是周王的领土。

⑤率土二句：四海之内无人不是周王的臣民。

⑥大夫不均：执政者不公平。

⑦我从事独贤：唯独我干的事最多最苦。

四牡彭彭①，
王事傍傍②。
嘉我未老，
鲜我方将③。
旅力方刚④，
经营四方。

或燕燕居息⑤；
或尽瘁事国。
或息偃在床⑥；
或不已于行⑦。

或不知叫号⑧；
或惨惨劬劳。
或栖迟偃仰⑨；
或王事鞅掌⑩。

---

①彭彭：马不得休息之义。
②傍傍：人不得休息之义。
③嘉我二句：意为执政者嘉许我正当壮年，故以繁重的王事相加。
④旅力：指膂力。刚：强健。
⑤燕燕：安闲貌。居息：在居处休息。
⑥息偃：躺着休息。
⑦不已于行：指奔走不停。
⑧不知叫号：指执政者不知人间有受苦人的呼叫号哭之声。
⑨栖迟：栖息游乐。偃仰：义同。
⑩鞅掌：此指勤于王事，忙碌奔波之状。

或湛乐饮酒①；
或惨惨畏咎②。
或出入风议③；
或靡事不为④。

---

①湛乐：耽于安乐。
②畏咎：惟恐出差错而获罪。
③风议：放言空论。
④靡事不为：无事不为，什么苦事都得去干。

北 山

（北山）

登上北边的山坡，
去把那枸杞采摘。
身强力壮的男人，
从早到晚干着苦活。
君王的差役无穷无尽，
忧愁的是我家中的父母。

整个的天下，
无处不是君王的领土。
他统治的领土直到海边，
谁个不是君王的臣仆。
执政的官员太不公平，
数我做事最多最苦。

四匹马儿不停地奔走，
君王的差役无止无休。
上司夸我年纪还没有老，
身体强壮世上少有。
而且膂力又刚又健，
正是四处奔忙的时候。

有人在家安闲地休息；
有人为国力竭精疲。
有人舒服地躺在床上；
有人一生马不停蹄。

有人听不见百姓的哭号；
有人身心不断地操劳。
有人随意栖息游乐；
有人为国事忙乱心焦。

有人整天喝酒享乐；
有人小心翼翼害怕出错。
有人到处说空话大话；
有人什么苦事都得去做。

The Northern Hills

I climb the northern hills
Picking the boxthorn.
Zealous officials
Must labour day and night;
The king's business is endless,
Causing our parents worry for their sons.

Everywhere under the sky
Is the king's dominion;
To the uttermost ends of the earth
All men are his servants;
But the tasks are unequal
And I have more work than the rest.

A team of four gallops on and on,
The king's business is unending;
I am congratulated on my youth,
Complimented on my vigour;
While my muscles are strong
I have business on every hand.

Some men rest idle at home,

Others wear themselves out in the service of the state;

Some lie quiet in bed,

Others are always on the move;

Some have never heard weeping or wailing,

Others toil without rest;

Some loll at ease,

Others are harassed working for the king;

Some take pleasure in wine,

Others have no respite from care;

Some just go round airing their views,

Others are left with all the work.

生 民

（大雅）

　　这是一首神话史诗。叙述了一位名叫姜嫄的女子踩天帝的脚印而孕，生下周民族的始祖后稷，屡将弃置，却生异迹，得到鸟兽万物保护，得以不死的传奇故事。赞颂了后稷自幼聪明，能耕会种，传农于民的美德，以及周人善于祭祀，得神护佑，天下太平的景象。《诗序》以为是"祭祖"之诗。

生 民

（大雅）

厥初生民①，
时维姜嫄②。
生民如何？
克禋克祀③，
以弗无子④。
履帝武敏歆⑤，
攸介攸止⑥。
载震载夙⑦，
载生载育⑧，
时维后稷⑨。

---

①厥初：其初。民：人，指周人。
②姜嫄：传说为周人始祖后稷之母。
③禋(yīn 音因)：祭祀。
④弗：勿。弗无子：勿使其无子。
⑤履：践。帝：指上帝。武：足迹。意为姜嫄践踏上帝足迹而有
　孕。
⑥攸介攸止：指分隔居住。
⑦震："娠"之借字。有孕。
⑧生、育：分娩、哺育。
⑨时维后稷：是为后稷。

诞弥厥月①，
先生如达②。
不坼不副③，
无菑无害④。
以赫厥灵⑤，
上帝不宁。
不康禋祀⑥，
居然生子⑦。

诞寘之隘巷⑧，
牛羊腓字之⑨。
诞寘之平林，
会伐平林。
诞寘之寒冰，
鸟覆翼之。
鸟乃去矣，
后稷呱矣⑩。

―――――――――

①诞弥厥月：指怀孕足月。

②先生：初产，生第一胎。如达：顺生。

③不坼不副：指生子顺利。

④菑(zāi音灾)：古"灾"字。

⑤以赫厥灵：以显其灵。赫：显。灵：灵异。

⑥上帝二句：上帝安享其禋祀，佑护姜嫄及后稷。

⑦居然生子：意谓安然生子。

⑧寘：弃置。隘巷：狭窄的小巷。

⑨腓：庇护之义。

⑩呱(gū音姑)：婴儿啼声。

实覃实讦①，
厥声载路②。

诞实匍匐③，
克岐克嶷④，
以就口食⑤。
艺之荏菽⑥，
荏菽旆旆，
禾役穟穟⑦。
麻麦幪幪，
瓜瓞唪唪⑧。

诞后稷之穑⑨，
有相之道⑩。
茀厥丰草⑪，
种之黄茂⑫。

---

①实覃实讦：后稷的哭声又长又大。
②厥声载路：后稷的哭声充溢于道。
③诞实匍匐：在地上爬行。
④克岐克嶷：直立行走。
⑤以就口食：即能自己寻求食物。
⑥艺：种植。荏菽：即大豆。
⑦禾役穟穟：指庄稼的茎长得美好。
⑧唪唪：茂盛多实貌。
⑨穑（sè音啬）：从事耕种。
⑩有相之道：有助禾苗生长的方法。
⑪茀：拔除。丰草：茂草。
⑫种之黄茂：种植五谷。

实方实苞①，

实种实褎②。

实发实秀③，

实坚实好④。

实颖实栗⑤，

即有邰家室⑥。

诞降嘉种⑦，

维秬维秠⑧，

维穈维芑⑨。

恒之秬秠⑩，

是获是亩⑪。

恒之穈芑，

是任是负⑫。

---

①方:禾苗吐芽。苞:指禾芽含苞欲舒。

②种:此指禾苗初出。褎(xiù音袖):长,指禾苗渐渐繁盛高大。

③发:指禾茎舒发拔秆。秀:成穗。

④坚:指庄稼的籽粒渐渐坚硬成熟。好:指庄稼的籽粒均匀,颜色美好。

⑤颖:指禾穗繁硕。栗:指禾穗众多。

⑥即有邰家室:走到邰地定居。邰:故地在今陕西省武功县西南。

⑦降:赐。分发给民众。嘉种:优良的种籽。

⑧秬(jù音巨):黑黍,米是粘的。秠(pī音丕):一壳中有二米的黑黍。

⑨穈(mén音门或méi音枚):赤苗的嘉谷。芑(qǐ音起):白苗的嘉谷。

⑩恒之秬秠:此言田亩之中遍种秬秠。

⑪是获是亩:指谷物收获后,堆在田亩之中。

⑫任:抱。负:背负。

以归肇祀①。

诞我祀如何②?
或春或揄③。
或簸或蹂④。
释之叟叟⑤。
烝之浮浮⑥。
载谋载惟⑦。
取萧祭脂⑧。
取羝以较⑨。
载燔载烈⑩。
以兴嗣岁⑪。

卬盛于豆,
于豆于登⑫。
其香始升,

---

①归:运回去。肇:始。祀:指郊祀,祭天。
②诞我祀如何:意谓我们祭祀的盛况如何呢?
③揄:用勺从臼中舀出米来。
④蹂:以手搓也。
⑤释:淘米。叟叟:淘米声。
⑥烝之浮浮:指蒸、烹食品时,蒸气上腾之状。
⑦载谋载惟:此言是计议如何把祭典办好。
⑧取萧祭脂:选取香蒿和牲脂。
⑨羝:公羊。以:用来。较(bá音拔):祭道路之神。
⑩载燔载烈:或烧或烤之意。
⑪以兴嗣岁:祈求来年能丰收。
⑫卬(áng音昂):我,周人自称。豆:食器。

上帝居歆①，
胡臭亶时②！
后稷肇祀。
庶无罪悔。
以迄于今③。

———————

①其香二句：意谓祭品香气升腾，上帝享受祭祀。

②胡臭亶时：意谓浓烈的芳香实在太好。

③后稷三句：意谓自后稷开始创立周人的祭祀制度以来，直到如
　今。

生　民

（第一代周人）

这生下第一代周朝人的，
是一个名叫姜嫄的美女。
她生下的周人怎么样？
他们到郊外祭祀天帝，
请求不要让他们绝了后裔。
姜嫄是踩了天帝的脚印而动胎孕，
于是就在屋子里住下休息。
怀孕的日子心灵肃敬，
生下来后精心地哺育，
这孩子长大了就是后稷。

在娘胎里怀足了月份，
第一胎孩子顺利地出生。
产门没裂也没有破，
母子没灾也没有病。
这都显示了天帝的灵异，
天帝的灵异让她不能安宁。
难道天帝没有安享她的祭祀，
竟然这样让她生下周人。

将他弃在狭窄的小街，
牛羊保护他给他喂奶。
将他丢进平地的树林，
恰巧遇见人进林砍柴。
将他扔到寒河的冰上，
鸟儿用翅膀给他温爱。
鸟儿刚刚要离他而去，
后稷呱呱地啼哭起来。
啼哭的声音又长又大，
整个儿道路都被堵塞。

手脚刚刚会爬行在地，
已够懂得世上的事理。
自己去寻找吃的食物，
到地里播种大豆玉米。
肥厚的豆荚又长又重，
硕大的稻穗排列整齐。
芝麻和小麦长得茂盛，
大瓜和小瓜结得繁密。

聪明的后稷耕田种地，
深得庄稼生长的道理。
拔除地里的杂草，
种上金黄的稻粒。
从吐芽到含苞，

从叶壮到秆齐。
从拔节到抽穗，
从坚实到饱米。
沉甸甸的禾穗根根倒垂，
那时候他才到邰地安居。

分发给民众优良的种籽，
一粒稻子里有两颗黑米，
还有红色的稻子白色的谷黍。
遍地都是这样的黑稻，
收割后就堆在田里。
遍地都是红稻和白谷，
怀里抱着肩上背起，
运回去开始祭祀天地。

我们祭祀的盛况如何？
有的用杵捣着有的用勺舀着，
有的用簸扬着有的用手搓着。
盆里的大米嗖嗖地淘着，
笼上的蒸气腾腾地冒着。
人们思量着何时开祭，
把香蒿和牛油一同焚着。
用公羊来祭道路之神，
锅里煮着火上烤着，
乞求着来年五谷丰硕。

我把祭品放进祭器，
祭器有小的也有大的。
祭品的香气开始升腾，
天帝在天上享受着祭礼，
是什么的香味这样浓郁！
自从后稷开创了祭祀，
周人再没有得罪过天帝，
日子直到今天还太平如意。

注：白话诗名为译者所加。

In the Beginning Who Gave
Birth to Our People?

In the beginning who gave birth to our people?

It was Jiang Yuan.

How did she give birth to our people?

By earnest sacrifice and prayer

That she might no longer be childless.

She trod on God's big toe print,

Standing alone at rest there;

She conceived, lived quietly,

Then gave birth and nursed the child,

And he was Hou Ji. *

When she had fulfilled her months,

Her first-born came like a lamb,

With no bursting or rending,

With no hurt or harm,

To manifest power divine.

But she feared that God was displeased

And had not blessed her sacrifice and prayer,

That the child had been born in vain!

---

* The name Hou Ji in the legend means Prince Millet.

So she abandoned him in a narrow lane,
But oxen and sheep protected and nurtured him;
Then she abandoned him in a great forest,
But it chanced that woodcutters came to this forest;
Then she abandoned him on the cold ice.
But birds covered him with their wings;
When the birds flew off,
Hou Ji began to wail.
So long he wailed and loud,
His voice was heard on the road.

Then the child began to crawl,
Rose to his feet and learned
To seek food with his mouth.
He planted beans,
The beans grew sturdy and tall;
His millet flourished,
His hemp and wheat grew thick,
His young gourds teemed.

Inded, Hou Ji knew the way
To make crops grow well.
He cleared away the rank weeds,
He sowed good yellow grain,
It grew straight and sturdy,
It was heavy and tall;
It sprouted and eared;

It grew firm and good,
Thick and full.
Then he made his home in Tai.

Thus it was that the lucky grain came down,
The black millet, the double-kernelled,
The red millet and the white.
Far and wide the black millet and the double-kernelled
Field after field he reaped;
Far and wide the red millet and the white
He carried in his arms, bore on his back,
And brought home for the sacrifice.

What are they, our sacrifices?
We hull the grain and ladle it from the mortar,
Sift it, soften it by treading,
Swill and scour it,
Then steam it thoroughly.
Next, taking careful thought,
We pluck artemisia, make offering of fat,
Skin a ram,
Then roast and broil it,
To bring a good harvest on the coming year.

We heap the offerings on wooden stands,
On wooden stands, in earthenware vessels;
When the fragrance rises up,
God on high is well pleased:

What smell is this, so good and strong?
Hou Ji founded this sacrifice
To propitiate the gods,
And it has come down to this day.

译后记

完全是因为工作的缘故,在邀请四位朋友翻译四卷古诗的同时,诸般的忙碌之余我自己也亲译了首卷。想不到这是一件和创作一样苦中有乐的事情,我在反复地查阅典籍和比较考证中完成了它。《诗经》是中国的第一部大型诗歌专集,研究它的专家学者不计其数,从诗序、郑笺到今天的古诗论坛,三千年来结论众多,考证日新,往往是新说否定了旧说,如诗序中认为是刺时的诗篇,今天的大学中讲的却是情爱。

作为译者,我只能根据自己的读书和思考,从前辈们的众说纷纭中择取其一,将它译成白话韵诗。选择的时候不论古今,也不论众寡,只是要它合情合理,并且还要符合时代。譬如《汉广》一诗,"汉有游女,不可求思",诗中"游女",有人将它注释成了"在水中游泳的女子",更多的人则依据古说,认为是指神女,我却偏向了"在外游走之女"的说法,认为三千年前的年轻女子断不敢像目前参加奥运会游泳比赛的女选手一样,身穿三点式的泳装,在众多看客面前去当"游女"。不说是在《诗经》时代,即便是在今天,北京的水上乐园是可以男女同游了,但是汉水边的村姑暂时还没有这么勇敢。"神女"一说也不足信,普通的单身汉一般不敢想娶个神女来做老婆,何况既是